Ronald Herbig Weil

"...ER aber sieht das Herz an."

Ronald Herbig Weil

"...ER aber sieht das Herz an."

Befreit, die Freiheit zu verkünden: Eine evangelische Stimme im ökumenischen Kontext
Predigten und Besinnungen

Fromm Verlag

Impressum/Imprint (nur für Deutschland/ only for Germany)
Bibliografische Information der Deutschen Nationalbibliothek: Die Deutsche Nationalbibliothek verzeichnet diese Publikation in der Deutschen Nationalbibliografie; detaillierte bibliografische Daten sind im Internet über http://dnb.d-nb.de abrufbar.

Coverbild: www.ingimage.com

Contact:
International Book Market Service Ltd., 17 Rue Meldrum, Beau Bassin, 1713-01 Mauritius
Website: www.bookmarketservice.com
Email: info@bookmarketservice.com

Gedruckt in: USA, UK, Deutschland. Dieses Buch wurde nicht in Mauritius produziert.

Imprint (only for USA, GB)
Bibliographic information published by the Deutsche Nationalbibliothek: The Deutsche Nationalbibliothek lists this publication in the Deutsche Nationalbibliografie; detailed bibliographic data are available in the Internet at http://dnb.d-nb.de.

Cover image: www.ingimage.com

Contact:
International Book Market Service Ltd., 17 Rue Meldrum, Beau Bassin, 1713-01 Mauritius
Website: www.bookmarketservice.com
Email: info@bookmarketservice.com

Printed in: U.S.A., U.K., Germany. This book was not produced in Mauritius.

ISBN: 978-3-8416-0227-5

Inhaltsverzeichnis

Gebetswoche für die Einheit der Christen, Matthäus 7,24-27 „Das eine Fundament“

Liebe ökumenische Gemeinde,

was wir in der Lesung (Matthäus 7,24-27) gehört haben, mag uns hier auf der Grossbaustelle unser Gemeinde als Binsenweisheit vorkommen – na logisch braucht es ein festes Fundament, wenn man ein Haus baut, das sehen wir an allen Ecken und Enden, wie da gegraben und gebuddelt wird.

Vielleicht kommt es uns aber auch zynisch vor, wenn wir daran denken, wie viele Menschen nicht nur ihr Haus, sondern buchstäblich alles verloren haben in der Flutkatastrophe vom 2. Weihnachtstag, nicht nur ihr Haus, sondern ihre Familien, ihre Existenzgrundlagen, ihr Leben.

Aufgrund der wirtschaftlichen Situation war an feste Fundamente gar nicht zu denken – und wahrscheinlich hätten sie auch nicht viel genützt.

Es ist uns bewusst, dass zu einem Fundament, zu einem sicheren Grund im Leben die eben angesprochenen Dinge dazu gehören und nicht nur ein Haus.

Darum bin ich auch froh und dankbar über die grosse Solidarität auf dem Fundament der Menschlichkeit.

So wird den betroffenen Menschen ermöglicht, wieder einigermassen Boden unter die Füsse zu kriegen. -

Vom Boden unter *unseren* Füssen sollen auch die heutigen Gedanken handeln: Wie sieht der aus? Wie für uns Einzelne? Wie für uns als Kirche in ihren vielen Varianten?

Ich habe mich da an eine kleine Geschichte erinnert gefühlt.

Sicher haben Sie schon von Münchhausen gehört, jenem Lügenbaron aus dem 18. Jahrhundert, berühmt vor allem durch seinen Ritt auf der Kanonenkugel.

Nach vielen Jahren Aufenthalt in fernen Ländern tischte er in geselliger Runde seinen Freunden solch wilde Abenteuergeschichten auf.

Eine der bekanntesten ist die, in der er sich mitsamt seinem Ross am eigenen Schopf aus dem Sumpf zog.

Man mag darüber schmunzeln, aber einen ernsten Hintergrund hat die Geschichte doch.

Sie erzählt davon, dass jeder Mensch festen Grund unter den Füssen braucht.

Und sie fragt danach, wie man diesen Grund wieder bekommt, wenn er einem verloren geht und man sich eben nicht am eigenen Schopf wieder rausziehen kann.
Jeder braucht, im Bild gesprochen, festen Boden unter den Füssen.
Nicht nur, wenn wir ein Haus bauen.
Wir brauchen solchen festen Grund auch familiär.
Wir brauchen ihn beruflich.
Wir brauchen ihn seelisch.
Manchem wird dieser Grund schlüpfrig, wenn der bisher geregelte Alltag durch äussere oder innere Nöte erschüttert wird.
Ich habe mit Ruheständlern darüber gesprochen, dass es für sie oft gar nicht so einfach ist, vom langjährigen beruflichen Fundament Abschied zu nehmen und ein neues zu suchen und zu finden.
Und wir begegnen nicht nur als Pfarrpersonen auch immer wieder Menschen, wo von heute auf morgen der Boden von Familie und/oder Beruf ins Wanken gerät.
Da ist es oft schwierig, nicht auch noch seelisch den Boden unter den Füssen zu verlieren.
Da wünsche ich mir ein Netz von aufmerksamen Nachbarn, Freunden, Kollegen, von uns als Gemeinden, in dem man einander auffängt und trägt und wieder auf die Beine hilft.
Und nicht zuletzt bin ich überzeugt:
Jede und jeder von uns braucht auch geistlich einen festen Grund.
Dass Menschen ohne geistliches Fundament, ohne Glauben auskämen, ist ein modernes Märchen.
Viele kommen wohl ohne den christlichen, ohne den biblischen Glauben aus, aber sie zimmern sich dann ihre eigene Religion, ihren eigenen Glauben zusammen.
Die letzten Umfragen dazu haben es gezeigt, dass der geistliche Grund bei uns immer mehr ins Private abwandert:
So ist auf der einen Seite die Zahl derer hoch, die der Kirche den Rücken kehren, auf der anderen steht der grosse Hunger nach geistlichen Erlebnissen und Sinnsuche – aber halt jede und jeder für sich allein.
Wobei mir da wieder die Geschichte vom Baron Münchhausen in den Sinn kommt, der sich angeblich am eigenen Schopf aus dem Sumpf gezogen hat…

Und, liebe ökumenische Gemeinde, wo auf der einen Seite die Verunsicherung und Haltlosigkeit wächst, nimmt auf der anderen Seite wie als Gegenbewegung dazu auch der Fundamentalismus aller Art zu.
Obwohl hier durchaus das Wort „Fundament" enthalten ist, kann das kein gutes geistliches Fundament sein.
Denn aller Fundamentalismus in Religion oder Politik lebt letztendlich von Angst und Ausgrenzung.
Da wird dann die vermeintliche eigene Auserwähltheit über Gottes Grosszügigkeit gestellt, der seine Sonne bekanntlich aufgehen lässt über Gerechten und Ungerechten. -
Was aber gibt uns nun wirklich Boden unter den Füssen, ein gesundes Fundament, was gibt sicheren Halt?
Halt, Sicherheit ist bei allen ein Thema.
Niemand ist schliesslich so gut versichert wie wir hier in der Schweiz.
Aber nicht gegen alles.
Viele Risiken sind abgedeckt, aber selten die ganz persönlichen Stürme und Unwetter, von denen unser Gleichnis vom Hausbau spricht.
Die Stürme und Unwetter, die an unserem ganz eigenen Lebenshaus und seinen Fundamenten rütteln.
Krankheit, Arbeitsplatzverlust, zerbrechende Familien – da kann sicher jede und jeder ihre und seine eigenen Erfahrungen einsetzen.
So sind damit auch unsere geistlichen Fundamente von Erschütterungen nicht ausgenommen.
Eine Versicherungspolice gibt es dafür schon gar nicht.
Nehmen wir nur ganz aktuell die jüngste Katastrophe mit ihren vielen offenen Fragen, auch nach Gott - ganz abgesehen davon, was sich Menschen tagtäglich antun in Nah und Fern.
Ich denke ganz persönlich dabei aber auch an die gesundheitlichen Turbulenzen, die wir privat als junge Familie durchgemacht haben und die so ziemlich alle Fundamente ins Wanken brachten.
Wie oft drängt sich die Frage auf, wie und ob Gott überhaupt da ist angesichts von Leid und Elend.

Es gibt diese Zwiespältigkeit von solchen Erfahrungen auf der einen und die des Glaubens auf der anderen Seite, wo es vielleicht manchmal einfacher wäre, keinen Glauben zu haben.

Hören wir dazu ein Gedicht von Kurt Marti (Pfarrer und Dichter):

glücklichpreisung

"glücklich ihr atheisten!
ihr habt es leichter
euch wirbelt kein gott
aus der bahn des schlüssigen denkens
kein glaube wirft schatten
auf eure taghelle logik
nie stolpert ihr
über bizarre widersprüche
kein jenseits vernebelt euch
die konturen der welt
nie seid ihr berauscht
von heiligen hymnen und riten
nie schreit ihr vergeblich
nach einem göttlichen wunder
oder stürzt ab ins dunkel
blasphemischen betens –
glücklich ihr atheisten
gern wäre ich einer von euch

jedoch jedoch: ich kann nicht"

(aus: zoé zebra, S. 75)

jedoch jedoch: ich kann nicht – das spricht mir aus der Seele, liebe Gemeinde.

Ich kann nicht – das hat schliesslich mit dem Fundament zu tun, der eine Grund, der gelegt ist: Jesus Christus.

Durch ihn kann ich glauben an einen gütigen, lieben Gott als Grund unseres Seins, wie wir es schon im Alten Testament gehört haben.

Denn die andere Seite, das Unfassbare Gottes, sein Sich Entziehen wären sonst so manches Mal nicht auszuhalten.

In Jesus Christus begegnet mir Gott als der, der aus Liebe unsere Schwachheit und Ohnmacht teilt, der gerade dort nahe ist.

Jesus fragt am Kreuz: „Mein Gott, mein Gott, warum hast du mich verlassen?“

In dieser Frage finde ich alle unseren anderen Fragen wieder, alles Schreien leidender Menschen.

All das laute Schreien und das leise, das nur Gott hört.

Aber auch all unser Scheitern kommt in dieser Frage vor, das was schief geht in unserm Leben oder was wir meinen, dass es schief gegangen ist.

Denn was ist denn das für ein Ende: am Kreuz endet der, der doch in Wort und Tat nichts als die Liebe Gottes lebte und verkündete?

Die Antwort auf die Frage, dem Schrei nach Gott noch in der Gottverlassenheit kennen wir.

Es ist Ostern, der Morgen nach der dunklen Nacht.

Wo Scheitern und Tod nicht schön geredet oder hübsch verpackt sind, sondern zurückgelassen, überwunden sind.

Diese haben nicht das letzte Wort, sondern die Liebe Gottes.

Verdeutlicht als erstes an diesem einem, Jesus den Christus, der darum der Grundstein, das Fundament ist.

Er hat uns den Grundstein der *Nächstenliebe* ohne Ansehen der Person gelegt.

Auf dem können wir aufbauen und uns darum einander so zeigen wie wir sind, in aller Verletzlichkeit.

Entgegen dem Trend, dass man immer stark und trendy sein muss, den anderen ja nichts von seinen Schwächen zeigt und sich stattdessen wie Münchhausen am eigenen Schopf aus dem Sumpf zu ziehen versucht.

Auf dem Fundament, das Jesus mit seiner bedingungslosen Nächstenliebe gelegt hat, muss sich niemand selber aus dem Sumpf ziehen.

Weil seine Liebe selbst im tiefsten Sumpf noch trägt, auch wenn wir sie vielleicht gerade nicht spüren können.

Das ist das Fundament des Glaubens, dass das auch mir gilt und allen Menschen.

Drum ist das auch das *eine* Fundament, liebe ökumenische Gemeinde, für alle, die sich Christen nennen, für alle die, die Kirche sind.

Kirche in ihren vielen geschichtlich gewachsenen Formen und Traditionen steht doch auf dem *einen* Grund, und nicht die einen auf diesem und die anderen auf jenem.

Das ruft uns Paulus in Erinnerung, wenn er zuerst die Korinther und auch noch uns heutige an den *einen* Grund erinnert, der doch schon gelegt ist, wie wir es in unserem Eingangswort gehört haben, sozusagen als Überschrift über all das, was wir heute hier gemeinsam tun.

Denn Christus ist nicht Gründer der Kirche, sondern ihr Grund.

Alles, was später kam, kann nur auf diesem Grund Kirche sein.

All die vielen Glieder, die zu diesem *einen* Leib gehören, wie Paulus sagt.

Bei all der alten und neuen Polemik, welche Kirche denn nun die richtige ist und welche nicht, tut es gut, sich das wieder einmal bewusst zu machen: es gibt nur *einen* Grund.

Und auf den müssen wir alle bauen, wenn unser Haus und unsere Kirche Bestand haben sollen.

Ich möchte dazu mit einer Art modernem Gleichnis schliessen.

Warum sollte im Miteinander der verschiedenen Konfessionen nicht möglich sein, was z.B. im Fussball geht?

Da gibt es so viele Mannschaften, die im Wettbewerb stehen.

Aber alle haben ein Fundament, allen ist klar, dass sie dasselbe machen und sie dasselbe wollen, mit jeweils mehr oder weniger Erfolg, nämlich Fussball.

Niemand käme da auf die Idee, den anderen zu sagen: ihr spielt ja gar keinen richtigen Fussball.

Stattdessen freut man sich am Spiel der anderen, lernt voneinander und kann das Spiel der anderen als Bereicherung erfahren.

Gott sei Dank, liebe ökumenische Gemeinde, wird hier bei uns seit geraumer Zeit gerne miteinander Fussball gespielt, verbunden in der *einen* Sache, auf dem *einen* Fundament.

Einen anderen Grund kann niemand legen als den, der gelegt ist: Jesus Christus.

Gebetswoche für die Einheit der Christen, 1. Thessalonicher 5,13b-18 „Betet ohne Unterlass“

Liebe ökumenische Gemeinde,

Zu gerne hätte Paulus die Leute von Saloniki, damals Thessalonich, wieder einmal gesehen, sie besucht, ihre Nöte angehört, mit ihnen zusammen über die aufgetauchten Probleme in der noch jungen Gemeinde nachgedacht und debattiert.

Da ist ja diese eine Sache, die lässt ihn einfach nicht mehr los:

Wie nur ist der Bitte von *Christus* zu entsprechen für all jene, die sich nach ihm *Christen* nennen? Der Bitte, die Christus im Gebet für die Seinen vor Gott bringt, nämlich „dass sie alle eins seien, auf dass alle Welt glaube“ (Johannes 17,21)?
Wie soll das nur gehen, wenn einem da bekanntlich immer wieder Menschlich-Allzumenschliches in die Quere kommt...?
Schon Petrus und er, Paulus, waren sich ja längst nicht in allem einig, wie der Glaube an den *einen* Herrn zu leben sei. Das ist ja heutzutage nicht unbedingt einfacher geworden...
Nun hat es also nie geklappt mit einem erneuten Besuch. So bleibt Paulus nur das Schreiben. So entsteht zum ersten Mal ein Brief an eine Gemeinde, die älteste Schrift des Neuen Testaments.
Mit dem Brief ist Paulus eigentlich recht zufrieden. Den sollen sie dann im Gottesdienst vorlesen.
Noch hat er wenig Erfahrung mit dem Briefe schreiben.
Noch weiss er nicht, dass auch wir heute noch aus diesem Brief im Gottesdienst hören und ihm nachsinnen.
Paulus überfliegt noch einmal seine Zeilen.
Eigentlich ist alles gesagt, doch es drängt ihn, das Wichtigste am Ende noch einmal in kurzen Sätzen zusammenzufassen.
Wir haben diese Worte in der Lesung gehört.
Aber dann fragt er sich: kann man einen Brief einfach so mit Ermahnungen schliessen? Hört dann überhaupt noch jemand zu?
Er denkt sich: Vielleicht wäre es besser, die Gemeinde und alle, die diese Worte bis hier und heute hören, zu erinnern an das, was alle verbindet. Und dann sagt er es mit diesen Worten: „Freuet euch zu jeder Zeit, betet ohne Unterlass, dankt für alles; denn das will Gott von euch, die ihr Jesus Christus gehört.“
Also Freude, Gebet, Dank, und das allezeit, ohne Unterlass, als das, was uns verbindet.
Aber hallo, höre ich da einwenden – die ganze Zeit fröhlich sein, sich freuen, das hält doch keiner auf Dauer aus.
Und allezeit für alles danken – das fällt mir schwer. Der hat wohl nie Schweres erlebt, dieser Paulus.
Hat denn der überhaupt eine Ahnung vom richtigen Leben?

Mancher mag sich bei diesen Worten vielleicht vorkommen wie der Mensch in Eugen Roths Gedicht „Billiger Rat“:

Ein Mensch nimmt alles viel zu schwer.
Ein Unmensch naht mit weiser Lehr
Und rät dem Menschen: "Nimms doch leichter!"
Doch grad das Gegenteil erreicht er:
Der Mensch ist obendrein verstimmt,
Wie leicht man seine Sorgen nimmt.

(aus: Sämtliche Menschen, S. 154)

Kann man denn Freude einfach befehlen, werden wir Paulus fragen wollen, nach dem Motto „jetzt seid doch mal fröhlich, wir sind nicht zum Spass hier“ oder das bekannte „Freude herrscht!“ quasi als Befehl... Sicher nicht, selbst in unserer sogenannten Spass- und Freizeitgesellschaft nicht.

Und mal ehrlich: wenn jemand die ganze Zeit, auch im Schlimmsten noch fröhlich lächelt, in der Meinung, das sei die richtige Umsetzung dieser Paulusworte, dann kann einem das irgendwann auf die Nerven gehen oder sogar verletzen, siehe Eugen Roths Gedicht. *Nietzsche* hatte ja sicher Recht, wenn er meinte, die Christen müssten *„erlöster* aussehen“ um glaubwürdig zu sein – aber ob er damit ein quasi erlöstes Dauerlächeln meinte, das Höhen und Tiefen des Lebens einfach glattbügelt? Aber was dann könnte hier gemeint sein? –

Es gibt, so Paulus, offenbar eine Grundhaltung, die Freude und damit auch Dankbarkeit fördert und eine Grundhaltung, die dem abträglich ist. Diese Grundhaltung hängt dann wohl nicht von äusseren Umständen ab. Wir wissen, dass Paulus selber und die Gemeinde in Thessalonich etliches an Verfolgung und Not, Krankheit und Schmerz zu erleiden hatten.

Da gab es oft genug wirklich nicht viel zu lachen...

Die Freude, von der er hier spricht, ist also offenbar unabhängig von den jeweils herrschenden äusseren Bedingungen.

Sie ist vielmehr eine Art Grundströmung oder Fundament und kommt für ihn ganz klar aus dem „zu Christus gehören“. Und durch diese Gemeinschaft mit Christus Gemeinschaft mit Gott haben zu können, der nicht mit den begrenzten Mitteln unserer Bilder und Vorstellungen zu fassen ist und der dem Leben Orientierung und Ziel gibt, *das* ist ihm Grund zur Freude.

Zu einer Freude, die tiefer geht als alles oberflächliche Lustigsein. Für mich zählen auch die Begegnungen, wo uns trotz aller Verschiedenheit Einheit als Christen gelingt, mit zu solchen Momenten der Freude und Dankbarkeit. ... Und dann ist da aber noch das andere Wort, das über diesem Gottesdienst steht: Betet ohne Unterlass! Bleibt unaufhörlich in Kontakt mit Gott!

Nun mal sachte, höre ich wieder andere, wir wollen ja nicht gleich übertreiben. Wenn Paulus das so machen will, ist das schön und gut, der war ja schliesslich Apostel, mein Ding ist es nicht – oder vielleicht doch...?

Kann man denn immer beten, liebe ökumenische Gemeinde? Stellen wir die Frage doch einmal umgekehrt: Gibt es denn eine Zeit, zu der ich nicht beten kann? Betet ohne Unterlass – das ist ein Wort mit einer gewaltigen Wirkungsgeschichte. Ich denke unter anderem an all die vielen Ordensleute mit den Stundengebeten, zu jeder Tages- und Nachtzeit, was dazu führt, dass irgendwo auf dieser Welt immerzu Christen beten.

Oder in den orthodoxen Kirchen, die wir heute am Einheitssonntag durchaus auch in den Blick nehmen sollten, gibt es das sogenannte. Herzensgebet: Ein- und Ausatmen werden dabei z.B. von den lautlosen Worten „Jesus, Sohn Gottes, erbarme dich meiner“ oder „Kyrie eleison“ begleitet, so dass irgendwann selbst der Herzschlag zum Gebet wird.

Das müssen sicher nicht alle in gleicher Weise machen, aber trotzdem ist es gut, zumindest regelmässige Gebetszeiten zu haben. Morgens beim aufstehen, bei den Mahlzeiten, abends beim schlafen gehen.

Aber zum anderen beschränkt sich dieses Reden mit Gott sich nicht nur auf bestimmte Zeiten, sondern es ist ebenso eine *Grundhaltung*. Es kann wie ein roter Faden, wie eine Grundströmung meinen Alltag durchziehen, dieses wie mit einer Antenne ausgerichtet sein auf Gott. Manches kurze Stossgebet kommt mehr von Herzen als manches gut formulierte.

In mir betet es dann, wenn ich arbeite und autofahre, ja selbst, wenn ich müde und abgeschlafft bin. Gottes Nähe ist immer da und das tut gut.

Aus dieser Ausrichtung heraus kann auch das praktische Tun am Nächsten zum Gebet werden – und voilà: ehe wir uns versehen, sind wir dann doch schon mitten drin in diesem Wort „Betet ohne Unterlass“... So geht es uns als Einzelne.

Zugleich verbindet dies Gebet in all seinen Formen zu ein- und demselben Gott alle Christen unterschiedlichster Prägung. Seit 100 Jahren gibt es darum die

Gebetswoche für die Einheit, seit 40 Jahren wird sie ökumenisch vorbereitet. Diese ökumenische Vorbereitungsgruppe soll darum hier das letzte Wort bekommen zum diesjährigen Motto „Betet ohne Unterlass“: „Einheit ist eine Gabe Gottes für die Kirchen. Sie ist damit zugleich ein Aufruf an die Christen, diese Gabe *sichtbar* werden zu lassen.

Das Gebet für die Einheit ist die Quelle, aus der alle Bemühungen um die volle sichtbare Einheit gespeist werden. ...

Manchmal kann die Frage aufkommen, ob wir Christen wirklich
dazu berufen sind, zusammenzubleiben.

Unser gemeinsames fortwährendes Gebet stärkt uns [dann], weil wir dabei auf Gott schauen und vertrauen.

Wir glauben daran, dass er unter uns wirkt.“

Gebetswoche für die Einheit der Christen, Epheser 1,3-14 "Gepriesen sei Gott, der uns segnet in Christus"

Liebe ökumenische Gemeinde,

"*Gepriesen* sei Gott, der uns segnet in Christus" --

Viele Worte gehen Tag für Tag über unsere Lippen, gute Worte, Worte der Klage, Worte der Freude. Wann war das letzte Mal das Wort "gepriesen" dabei?

Wahrscheinlich kommt es eher selten vor.

"Preisen" ist kein Wort unserer Alltagssprache, obwohl es viel mit unserem Alltag zu tun hat. "Preisen" steht in unserem Bibelwort in enger Verbindung mit dem Segen. Gott wird gepriesen, weil er uns segnet.

Das hilft uns vielleicht weiter – "Segen" haben wir schon öfter gehört. Gottes Segen wünschen wir jemanden zum Geburtstag oder zur Hochzeit. Gesegnete Weihnacht oder ein gesegneter Appetit, das kennen wir.

Segen Gottes - das fängt ja schon im kleinen, eben scheinbar Selbstverständlichen an: Dass wir jeden Morgen aufstehen können, dass wir Familie und Freunde haben.

Manchmal gibt es auch Momente, wo wir den Segen Gottes, seine gute Kraft, ganz nahe, unmittelbar spüren. Wenn wir eine missliche Situation oder Krankheit durchstanden oder etwas besonders Schönes erlebt haben. Sagen wir dann immer: "Gepriesen seist du, Gott"...?

Jeder und jede hier findet dafür sicher selber genügend Erlebnisse, wo unser Leben gelingt, wo wir Gutes spüren. Vielleicht sogar im Leiden, wenn uns der Segen Gottes als ein tröstendes Wort oder eine helfende Hand begegnet.
Wer Gottes Segen erfährt, kann gar nicht anders, als ihn zu loben. - Sollte man meinen.
Dass das nicht immer so selbstverständlich ist, zeigen zwei Äusserungen von Schülern, zu *ihrem* Bild von Kirche befragt. Sie sagen:
"Wieso seid ihr in der Kirche so ängstlich?
Habt ihr Angst vor Gott?
Geht auf Gott zu, betet, singt, sprecht mit Gott, er wird euch helfen" und:
"Wir sehen euch, aber ihr seid so still und langweilig.
Ihr lebt jetzt und nicht später, deshalb macht etwas daraus." -
Moment! Angst und Langeweile - passt das zu einer Kirche, die Gott preist, weil er uns segnet?
So verstehe ich die Fragen der Schüler als Ermutigung, als Aufmunterung:
Dass die Menschen uns als Gemeinschaft derer, die an Christus glauben - egal, welcher Konfession - ansehen sollen, dass wir gesegnet sind und darum Gott preisen. Und wie wäre das besser zu sehen als an der *Freude*. Freude, die uns nicht nur hier und heute vereint. Sondern überall da, wo sich Menschen miteinander an Gott freuen, eben im gemeinsamen Beten, Singen, Loben, schauen sie nicht auf das, was sie trennt, sondern sehen das Gemeinsame.
Wenn Gott seinen Segen schenkt, schaut er auch nicht kleinlich auf die eine oder andere Zugehörigkeit, sondern auf das Herz von uns Menschen, auf unsere Bedürftigkeit.
Das vereint uns nicht nur untereinander als hier Versammelte, sondern auch mit allen anderen Menschen: dass wir als Menschen alle Gottes Segen brauchen und bekommen. Und ihn dann dafür preisen - auch schon für die kleinen Dinge des Alltags.
So wie es *ein* Gott ist, der seine gute Segenskraft für unser Leben gibt, so sind wir *eins* im gemeinsamen Lobpreis Gottes.
Damit sind wir dem ein Stück näher, wofür Jesus vor seinem Abschied aus dieser Welt gebetet hat: dass wir alle eins seien, damit die Welt erkennt, dass er der Gesandte Gottes ist.

Gebetswoche für die Einheit der Christen, Epheser 2,17-22 „Lebendige Steine“

Liebe Gemeinde,

wir sind alle Bausteine.

So jedenfalls sagt es der Apostel in dem Brief, aus dem wir eben gehört haben.

Und wenn wir uns hier in den Bänken unserer Kirche umschauen, dann entdecken wir ganz verschiedene solcher Bausteine: grosse und kleine, junge und alte, schrill bunte und eher unauffällige, fröhliche und traurige, reformierte und katholische; solche, die schon seit vielen Jahren und freiwillig hier sind und solche, die vielleicht eher das Gefühl haben, am Sonntag Morgen auf der falschen Baustelle abgeladen worden zu sein.

Wir sind also Bausteine, sagt der Apostel.

Und das ist keineswegs eine Abwertung von lebenden Menschen zu toten Steinen.

Ganz im Gegenteil.

Wir sind lebendige, bunte, einzigartige Bausteine für ein lebendiges Gebäude, nämlich den Tempel Gottes, *das* sagt uns der Apostel zu.

Und da ist jeder Stein wichtig, keiner etwa besser und schöner als der andere.

Platz für alle Steine ist genug, das einzige, was feststeht, sind Fundament und Schlussstein.

Das Fundament sind die, die uns im Glauben vorangegangen sind, Apostel und Propheten.

Die sorgen dafür, dass der Grundriss stimmt, damit das ganze Gebäude nicht ins Wackeln gerät.

Und der Schlussstein, der alles zusammenhält wie z.B. die Schlusssteine in den Bögen hier in der Kirche, der ist auch schon klar. Das ist Jesus Christus.

Ach ja, und den Baumeister stellt uns der Apostel auch noch vor: Gottes Geist, das, was Menschen verbindet über alle menschlichen Vorstellungen von Bindungen hinaus.

Dass der Apostel solches schreibt, liegt nicht etwa daran, dass er sich als Hobbyarchitekt versuchen möchte.

Nein, er hat viel ernstere Gründe.

Und die gelten für uns heute hier noch genauso wie für die Baustelle damals in Ephesus am Mittelmeer.

Ferne und Nahe, denen der Apostel den Frieden ihres Baustein-Daseins zuspricht, gibt’s hier auch.

Damals in Ephesus ging es um Juden und Nichtjuden, die einen, die den lebendigen Gott schon länger, von Kind auf kannten und die anderen, die ihn gerade erst kennen gelernt hatten.
Nur allzumenschlich, dass die ersteren meinten, eine gewisse Überlegenheit spüren zu dürfen gegenüber denen, die sich gerade eben von den toten Götzen zum lebendigen Gott hingewendet haben.
Stopp! ruft da der Apostel, so geht das nicht.
Auf Gottes Baustelle wird anders gezählt.
Da zählen nicht die Jahre des Dabeiseins, zumal diese gegenüber der Ewigkeit eh verblassen.
Nein, da zählt nicht alt und jung, brav oder aufmüpfig, alteingesessen oder Neuzuzüger.
Nein, sagt er, ihr gehört *alle* zum Volk Gottes, ihr alle seid sogar seine Hausgenossen.
Also mit Gott unter einem Dach - das muss man sich mal vorstellen.
Und das einzige, was zählt, ist, ob ich ihm vertraue oder nicht. Das macht mich zum Baustein und nichts anderes. Vorausgesetzt natürlich, ich möchte das auch, Baustein sein in Gottes grossem Bauwerk.
Das ist das, was zählt, alles andere tritt in den Hintergrund, eben auch Konfessionelles oder die Frage, wer denn nun die richtige Kirche sei.
Der Apostel antwortet darauf auf seine Weise:
ihr seid Bausteine, das ist alles.
Und zwar für ein und den selben Bau.
Da braucht es jeden Stein.
Vergesst das nicht, falls ihr euch mal wieder den Kopf zerbrecht, welcher Stein denn nun besser oder der richtige sei.
Ihr könntet sonst den Bau als ganzes aus den Augen verlieren. Und auf den kommt es an, nicht wahr?

Gebetswoche für die Einheit der Christen, Johannes 3,1-6 „Neu geboren“
Liebe ökumenische Gemeinde,
dieser Jesus mutet einem schon manchmal ganz schön was zu. Da kommt doch einer extra nachts zu ihm, um ihm seine Hochachtung auszudrücken.

Nikodemus heisst er und ist mega beeindruckt - wie unsere Konfirmanden und ihre Alterskollegen vielleicht sagen würden - von den kraftvollen Taten, die Jesus getan hat.
Und was macht der? Er geht gar nicht mal ein auf die nächtlichen Lobesbezeugungen, dabei ist doch Nikodemus, der ihn da besucht, nicht einfach irgendwer, sondern einer der religiösen Führer, die nicht alle Nacht einfach mal so bei irgendjemanden auf ein Schwätzchen vorbeischauen.
Entgegen allen Regeln der Höflichkeit kommt Jesus sofort zur Sache, bringt das eigentliche Thema dieser nächtlichen Begegnung auf den Punkt, weil er dem Nikodemus ins Herz sieht: der möchte nämlich eigentlich wissen, was ihm dieser Lehrer Jesus neues über das Miteinander von Gott und Mensch sagen kann.
Doch was er dann zu hören kriegt, kommt ihm mächtig komisch vor: „Amen, amen, ich sage dir:
Wenn jemand nicht von neuem geboren wird, kann er das Reich Gottes nicht sehen."
„Von neuem geboren" - ich sehe direkt das erstaunte Gesicht des Nikodemus vor mir, der sich vielleicht sogar ein bisschen veräppelt vorkommt, denn von den fernöstlichen Vorstellungen vom Kreislauf der Wiedergeburten, von dem man sich erlösen muss, hat er sicher noch nichts gewusst. Entsprechend fällt seine Antwort aus: „soll ich mich etwa noch mal von meiner Mutter zur Welt bringen lassen?"
Und dann sagt Jesus jenen Satz, an den jede Taufe, egal in welcher der verschiedenen weltweiten Kirchen sie stattfindet, erinnert: „Amen, amen, wahrlich, wahrlich, ich sage dir: wenn jemand nicht aus Wasser und Geist geboren wird, kann er nicht in das Reich Gottes gelangen."

„Aus Wasser und Geist" - das ist eine Wiedergeburt, anders als die Vorstellungen des Nikodemus, anders vielleicht auch als die unsrigen.
Jesus geht es nicht darum, wie viele Runden wir auf dieser Erde drehen, sondern ob wir die, in der wir hier und jetzt sind, als *Kind Gottes* leben.
Das meint Wiedergeburt und nichts anderes.
Aus dem Geist Gottes als Kind Gottes neugeboren werden, aus dem Geist Gottes unermesslicher und unendlicher Liebe, indem ich mich von dieser Liebe beschenken lasse und mein Leben von ihr erfüllen lasse, das ist Wiedergeburt, tagtäglich.
Jeden Tag, weil man nicht einfach Christ *ist*, sondern jeden Tag neu *wird*, wie ich es einmal gelesen habe, jeden Tag wieder neu anfängt mit Gott, so wie er mit uns.

Das ist das Geheimnis hinter diesen Worten, dass zum Wasser der Taufe immer wieder der göttliche Geist der Liebe hinzukommen muss, sonst bleibt sie ein leeres Zeichen.
Denken wir nur an das, was Christen und Menschen anderer Religionen im Namen des Christentums angetan wurde, von Menschen, die sich durchaus als Christen verstanden, weil sie ja getauft waren.
Aber die Früchte, an denen wir sie nach den Worten Jesu erkennen sollen, waren und sind andere, als wie sie der Geist Gottes hervorbringt.
Immer wieder muss ich dabei vor allem, wenn wir hier von Ökumene reden und sie mehr und mehr tagtäglich leben, z.B. an Nordirland denken, wo es immer noch wichtiger ist, ob man Katholik oder Protestant ist und sich je nachdem bei den sinnlosen Übergriffen auf Menschen der jeweils anderen Konfession im Recht wähnt.
Das aber ist nicht der Geist der Liebe, der zur gemeinsamen Taufe als Christen dazukommen muss, sondern das ist das, was Jesus hier vor Nikodemus schliesslich mit dem Unterschied von fleischlich und geistlich benennt.
Fleischlich, menschlich, allzumenschlich die Versuchung des einfachen Weges, sich an das zu halten, was vor Augen ist, die anderen auf ihre vermeintlichen und wahren Verfehlungen festzunageln, froh zu sein über Gründe, sich abgrenzen zu können vom anderen, der mir nicht passt.
Geistlich, wiedergeboren dagegen ist das Öffnen meines Herzens für den Geist der Liebe, der mich den anderen mit den Augen Gottes sehen lässt, so dass er mir stets mehr ist als nur das, was ich vor Augen sehe, nämlich ein Kind Gottes genau wie ich.
So kommt zum *Wasser* aus der Quelle des Lebens der *Geist*, der uns gemeinsam immer wieder zu ihr hinführt.

Gebetswoche für die Einheit der Christen, Psalm 32,3-7 „Wer beten kann, ist besser dran“

Liebe ökumenische Bettagsgemeinde,
„Wer beten kann, ist besser dran“ - dieses Sprichwort ist mir beim Nachsinnen über die eben gehörten Psalmworte heute am Bet-tag in den Sinn gekommen.

Aber wieso soll denn jemand, der betet, besser dran sein? Und wie? - Unser Psalm gibt eine mögliche Antwort darauf, warum wir mit dem Beten nicht besser, aber besser dran sind.

Wie überhaupt in den Psalmen, dem Gebetsbuch in der Mitte der Bibel, finden wir auch hier zutiefst menschliche Erfahrung in verdichteter Form, grosse Freude und grosses Leid.
Der Beter unseres Psalms hat erfahren, dass das In-sich-hineinfressen von dem, was mir schwer auf der Seele liegt, weil es mich z.B. von Gott oder vom Nächsten trennt, zu Krankheit führt, zum Verdorren der Lebenskraft.
Das kennen wir vielleicht auch, so etwas mit sich rumzuschleppen, das eigentlich dringend ausgesprochen werden müsste, weil es uns sonst schier zerreisst innerlich oder eben krank machen kann. Krank an Leib und Seele.
Das andere haben wir aber vielleicht auch schon erfahren: endlich ist es raus, hab ich's gesagt und ausgesprochen, so dass zumindest die Last von der Seele genommen ist, mit-geteilt, mit jemand anderem geteilt.
Unser Beter hier hat diese Erfahrung gemacht, hat vor Gott ausgesprochen, was er vielleicht keinem Menschen zu sagen wagte, hat das, was ihn von Gott und dem Nächsten trennt, zur Sprache gebracht.
Ich könnte mir vorstellen, dass auch das so eine lebensfördernde Erfahrung mit dem Beten ist, die einen mit dem Beten besser dran sein lässt als ohne:
dass ich vor Gott das aussprechen kann, was ich vielleicht keinem Menschen sagen kann, was aber unbedingt gesagt werden muss, weil es mich eben sonst krank macht. -
Unser Beter hat das getan und hat daraufhin Vergebung erfahren.
Darum richtet er voller Freude und Jubel die Aufforderung an uns, es ebenso zu tun, er legt uns das Beten ans Herz als „Lebens-Mittel", als Mittel und Hilfe zum Leben.

Die Not soll den betenden Menschen nicht verschlingen können, die Not, die er mit einer Flut vergleicht, was wir uns anhand der Bilder der letzten Zeit unter anderem aus meiner Heimat gut vorstellen können.
Mit dem Beten, unserm Reden, unserm Danken, unserm Klagen also, das wir an Gott richten, ist die Not sicher noch nicht gebannt, aber auf dem Tisch, und Gott ist mit hineingenommen, wir sind nicht allein.
„Wer beten kann ist besser dran" - heisst darum auch noch etwas anderes:
wenn ich selber nicht oder nicht mehr beten kann, weil meine Not oder Verzweiflung zu gross ist, kann ich andere bitten, es für mich zu tun, vor Gott für mich einzustehen, ihn hineinzuholen in unser Erleben.

Und am eidgenössischen Dank-, Buss- und Bettag wird dieser Kreis noch grösser: ein ganzes Volk ist daran erinnert, dass wir füreinander im Gebet einstehen und neben dem ganz persönlichen Beten für mich und meine Nächsten auch die anderen sehen, bis hin zur ganzen Welt, in der es wahrlich genug gibt, wofür es unser Beten braucht, als einzelne oder als ganzes Volk.
„Wer beten kann ist besser dran" - ich glaube und hoffe, dass dieser Satz so wie für unseren Psalmbeter auch für uns mehr und mehr zu einer Erfahrung und schliesslich zu einer tiefen Wahrheit wird.

„Reformiert – na und?"

Liebe Gemeinde,
„Reformiert – na und?", das tönt provokativ. Und so ist es auch gemeint und zudem noch durchaus zweideutig.
Zum einen im Sinne von „na und - was soll's?", wen interessiert denn das heute noch: Reformation, das ist doch schon so lange her und für sein Reformiertsein kann ja schliesslich kaum jemand was, da wird man nun mal so „reingeboren". In meiner früheren Gemeinde habe ich das für mich unvergesslich einmal folgendermassen zugespitzt gesagt bekommen: „Wissen Sie, wir gehen eigentlich nicht in die Kirche, wir sind ja reformiert..."
Zum anderen können wir das „Na und?" aber auch als neugierige Frage verstehen: „na, und was heisst denn das nun konkret, Reformiertsein?".
Dazu kam mir wieder eine Karikatur in den Sinn, die mich unlängst zum Schmunzeln brachte:
Man sieht dort einige Leute bei einem Empfang zusammenstehen, schick gekleidet und jeder mit einem Glas in der Hand. In einer Sprechblase liest man dann folgende Frage an einen der Anwesenden: „Ach, Sie sind Christ? Interessant! Was macht man denn da so?"...
Auf unser heutiges Thema übertragen hiesse das dann: „Ach, reformiert. Interessant, was macht man denn da so...?"
Ich weiss nicht, was Sie in solch einem Fall antworten würden. Ich weiss auch nicht, ob das überhaupt eine Frage ist, die Sie beschäftigt. Es gibt ja, könnte man hier einwenden, wahrlich genug anderes, das uns umtreibt, an Leiden, an Katastrophen, Einschränkungen und Ungerechtigkeiten, persönlich und im weltweiten Geschehen.

Da hätten Sie zugegebenermassen nicht unrecht – und doch: als Reformierte hätten und haben wir gerade zum weltweiten Geschehen einiges beizutragen. Vielleicht können wir wenigstens *da* etwas tun, wenn wir doch oft genug so ohnmächtig sind gegenüber dem Leiden an und in der Welt. Deshalb will ich uns am heutigen Reformationssonntag einen Augenblick Zeit einräumen für diese Frage: Was ist denn eigentlich das Besondere, das wir als Reformierte einbringen können in die Welt, jenseits aller Polemik darüber, was andere Kirchen haben und wir nicht?

Dabei ist mir etwas wichtig gleich am Anfang klarzustellen: es geht nicht darum, wer die besseren Christen sind und warum.

Dazu bin ich viel zu sehr geprägt von meiner Vergangenheit in einem sich als atheistisch verstehenden Staat, der DDR, wo es sehr schwierig war, so oder so Kirche zu sein.

Da war man froh, wenn man überhaupt jemanden traf, der sich traute, sich Christ zu nennen, gleich welcher Konfession, das war zweitrangig.

In ähnlichem positiven Sinne habe ich übrigens auch unsere ökumenische Gemeindereise erlebt, wo sich mitunter erst durch Zufälle zeigte, wer eigentlich reformiert ist und wer katholisch.

Auf dieser Reise war soviel möglich an Gemeinsamen, so dass ich mit sehr viel Hoffnung heimgekehrt bin.

Denn eines muss uns klar sein: in Zukunft wird es weniger darum gehen, wer welcher Konfession angehört, sondern vielmehr darum, wer überhaupt noch einer Kirche angehört.

Und dennoch haben wir, angefangen bei den Anliegen der Reformatoren bis heute, besondere Schwerpunkte im Verständnis und der Umsetzung des Christseins.

Das können wir als Bereicherung einbringen in die grosse Familie aller Kirchen, wo wie in anderen Familien nicht alle schablonenhaft gleich sein müssen und können.

So wie es auch in einer guten Beziehung Unterschiede braucht, die diese überhaupt erst spannend machen. Wäre ich z.B. einfach mit einem Spiegelbild von mir verheiratet, ich wüsste nicht, wie lange ich das aushalten würde...

Einige dieser reformierten Besonderheiten wurden uns letzthin bei den Vorträgen hier zu unserem 100. Kirchenjubiläum wieder bewusst gemacht: Zum einen das sogenannte. „Priestertum aller getauften Gläubigen“, also die unmittelbare Beziehung zu Gott ohne weitere Vermittler, allein durch das selbständige und selbstbewusste Lesen der Bibel.

Darum haben übrigens Reformierte meistens, wenn sie sich als Minderheit irgendwo niederliessen, als erstes Schulen gebaut und dann erst Kirchen. Daraus ergibt sich des weiteren die kritische Wachsamkeit gegenüber allem, was sich zwischen Gott und Menschen schieben will.

Und schliesslich etwas, das ich heute besonders fokussieren möchte: Zu den Auslösern und Grundüberzeugungen der Reformation von den Anfangstagen an bis heute

gehört(e) immer vor allem eines: Religion ist *keine* reine Privatsache.

Vielmehr hat sie nur dann eine Existenzberechtigung, wenn sie das Gesamtwohl, die gesellschaftliche Verantwortung im Blick hat. Und umgekehrt übrigens die staatliche Autorität diese gesellschaftliche Bedeutung im Blick behält und die Religion eben nicht in die reine Privatecke steckt, sondern auch bei gesamtgesellschaftlichen Fragen und Abstimmungen berücksichtigt.

Zwingli und später Bullinger und der Magistrat von Zürich haben so z.B. in kritischer Partnerschaft Errungenschaften eingeführt, die uns bis heute erhalten geblieben sind, wobei die reformatorischen Wurzeln leider zunehmend in Vergessenheit geraten:

ich nenne nur die Volksschule und das Armenwesen.

Gerade bei letzterem stand die Überzeugung Pate, dass „eine Gesellschaft immer nur so gut ist, wie es ihren Armen geht“, wie ich es einmal so einprägsam gehört habe.

Dass diese gelebte vorbehaltlose Nächstenliebe vor der eigenen Tür anfängt, aber bei weitem nicht aufhört, erklärt das gesellschaftliche Engagement vieler reformierter Christen und Christinnen zu allen Zeiten.

Dazu gehören übrigens auch solche Einrichtungen wie das Rote Kreuz von Henri Dunant, das Flüchtlingswerk von Pfr. Vogt während des 2. Weltkrieges, das HEKS (Hilfswerk der Evangelischen Kirchen der Schweiz) oder – direkt vor unserer Tür – z.B. unsere gemeinnützigen Frauenvereine.

Ich denke dabei auch an Persönlichkeiten wie Albert Schweitzer, Martin Luther King, oder aus unseren Tagen Pfr. Sieber oder Lotti Latrous.

Und noch ein anderes Beispiel gibt es hier vor Ort: was vor 25 Jahren mit einem damals wahrscheinlich ziemlich exotischen „claro“-3.Welt-Laden anfing, ist heute zum allgemeinen Standard selbst bei den Grossverteilern geworden: dass man nämlich mit fairem Handel und den wenigen Rappen, die das für uns ausmacht, auf der anderen Seite nachhaltig und langfristig in Würde Hilfe zur Selbsthilfe leistet. Apropos: wussten Sie eigentlich, dass eines dieser schweizer Fair-Trade-Labels seinen Namen einem holländischem Reformierten des 19. Jahrhunderts verdankt – Max Havelaar? Was aber könnte reformierte Christinnen und Christen immer wieder motiviert haben, sich so zu engagieren, trotz mancher Schwierigkeiten und zum Teil sogar Anfeindungen?

Es war sicher zum einen die vorhin genannte ur-reformierte Überzeugung, dass es das eigene Wohl nie ohne das der anderen, der Schwächsten gibt.

Zum anderen kann ich mir vorstellen, dass dahinter auch die Zusagen der Bibel stehen, die wir vorhin in den Lesungen gehört haben.

Ich möchte gerne diese Zusagen noch einmal in Erinnerung rufen: denn da wird entgegen aller bedrückenden Realität im Psalm 146 zugesagt, dass den Unterdrückten Recht verschafft wird, die Hungernden gespeist, die Gefangenen befreit werden, dass die Blinden sehend und die Verzweifelten aufgerichtet werden, dass die Fremden und Gäste im Land beschützt, die Witwen und Waisen versorgt sind.

Und in den grundlegenden Worten Jesu aus der Bergpredigt werden entgegen aller bedrückenden Realität jene glücklich gepriesen, die sonst nichts zu freuen haben in dieser Welt, und die sich das zu Herzen nehmen, dass diese Welt nicht so ist, wie sie Gott gewollt hat.

Entgegen aller vorfindlichen Realität werden die selig gepriesen,
die Trauer tragen, die sanftmütig sind,
wie die, die nach Gerechtigkeit hungern und dürsten.

Glücklich genannt werden die, die barmherzig sind, die sich also anrühren lassen vom Leiden anderer.

Selig gepriesen werden die, die ihrem Herzen, ihrem Gewissen folgen, die Frieden stiften, für Gerechtigkeit einstehen, auch wenn ihnen daraus in dieser Welt Nachteile entstehen.

All das sind Zusagen, keine Vertröstungen, liebe Gemeinde.

Es heisst ja nicht: die eben Genannten werden das einmal irgendwann sein, wenn sich nur recht anstrengen, sondern es ist *schon jetzt* so.

Die so leben werden *schon jetzt* glücklich gepriesen, inmitten allen Unglücklichseins. Vielleicht haben Sie das ja auch schon so erfahren: Getröstet zu werden in der dunkelsten Gottesferne, glücklich zu sein, andern helfen zu können, so gut es geht.
So, liebe Gemeinde, kann ich mir vorstellen, haben es auch die vorhin erwähnten prominenten Reformierten erlebt und erleben es immer noch viele Menschen an vielen Orten, gleich welcher Konfession.
Das schliesslich ist ja das grosse Geschenk der Reformatoren an die ganze Christenheit, dass sie dieses Geschehen wieder vom Kopf auf die Füsse gestellt haben:
Nicht wenn ich das und das tue oder dieses und jenes lasse, kann ich hoffen, von Gott freundlich angesehen zu werden.
Das wäre sonst eine Art „feilschen" mit Gott und zynisch für all jene, die Leid tragen und an der Warum-Frage schier zerbrechen.
Nein, nur eines gilt, das allem anderen vorausgeht: *ich bin ein geliebtes Kind Gottes* - das ist alles und das ist genug, Basta!
Das kann mir niemand streitig machen, das gilt durch alle Höhen und Tiefen hindurch, das befreit mich davon, immer nach irgendwelcher Schuld zu kramen in meinem Leben oder im Leben anderer.
Eben das zeigt sich durch alle Zeiten im vorbehaltlosen Engagement für die anderen in Not, ohne zu fragen, wie sie da hineingeraten sind.
Unser konkretes Handeln ist dann die *Folge, die Antwort* und nicht die Bedingung, dass wir uns als Kinder Gottes erkennen.
Darum werden wir glücklich gepriesen, wie immer es in uns und um uns aussehen mag.
Das ist die Botschaft von Jesus, wieder zurecht gebracht, also „re-formiert" von den Reformatoren. Möge sie immer wieder in unsere Ohren und Herzen dringen!

Psalm 46 / Lukas 8,22-25 „Ein' feste Burg... – und wenn sie schwankt?"

Liebe Gemeinde,
wer anfangs letzte Woche auf den Zürichsee hier hinaus geschaut hat, sah des Öfteren die Sturmwarnungen blinken. Hell und Dunkel am Himmel, Sonne und Regen wechselten sich rasant ab. Man wusste oft nie so richtig, woran man ist. Und der schöne Tag gestern machte das alles schon wieder fast vergessen...

Kein Lüftchen regte sich, hervorragendes Bade- oder Kirchweihwetter. Aber es geht eben auch anders. Wer schon mal einen richtigen Sturm erlebt hat wie z.B. damals den „Lothar", weiss das. So richtig heftig aber ist ein Sturm am *Meer*, und noch viel schlimmer, wenn man ihn *auf* dem Meer erlebt, wo schon eine mittlere Windstärke einem ganz schön zu schaffen machen kann, je nachdem, wie gross das Boot ist, in dem man sitzt... In den Ferien habe ich das erlebt, das sind prägende Eindrücke, die man nicht so schnell vergisst. Noch lange war mir im wahrsten Sinne des Wortes „sturm" von dem Auf und Ab und Hin und Her. Und das war eigentlich nur ein kleines Lüftchen im Vergleich zu dem, was der Atlantik in der Bretagne sonst noch zu bieten hat... Können Sie sich vorstellen, liebe Gemeinde, wie winzig und ausgeliefert man sich da vorkommt?
Doch sind es nicht nur die Stürme der Natur, die uns manchmal klein und hilflos vorkommen lassen.
Auch im übertragenen Sinne kennen wir das. Wir sprechen z.B. von einem „stürmischen Leben" oder „stürmischen Zeiten". Was sich durchaus auch von den Geschehnissen der letzten Zeit in der Welt von Politik und Wirtschaft sagen lässt. Euro runter, Euro rauf usw. Stürmische Zeiten.
„Mir wird sturm", heisst es wie gesagt im schweizer Dialekt. Das geht auch ohne Wind oder Börsentrubel. Z.B. dann, wenn Widrigkeiten aller Art im wahrsten Sinne des Wortes „auf uns einstürmen": gesundheitliche Probleme, Sorgen um unsere Lieben, Streit in der Familie, mit den Nachbarn. Sorgen um die eigene Zukunft und die unsrer Partner, unserer Kinder und Kindeskinder. Die Bedrohung, in Krisenzeiten die Arbeit zu verlieren oder die Mühe, wieder eine Arbeit zu finden, die passt.
Ich denke auch an den Verlust von lieben Menschen und die Lücken, die sie hinterlassen.
Ich bin sicher, dass jede und jeder hier ihre oder seine ganz eigenen stürmischen Erfahrungen gemacht hat... Da müssen wir oft gar nicht mal in die weite Welt schauen.
Was aber gibt mir Halt und Zuflucht in stürmischen Zeiten?
Was gibt mir Halt, wenn ringsumher alles ins Wanken gerät, wenn nichts mehr so ist, wie ich es mir gewohnt war?
Der 46. Psalm, den wir vorhin gehört haben, spricht von solchen Erfahrungen. Er spricht von den Stürmen und davon, dass alles schwanken kann, was mir bisher Halt

und Sicherheit gegeben hat. Erfahrungen, die die Menschen der Bibel damals genau gemacht haben wie wir heute, bei allem technischen Fortschritt.
Der Psalm spricht in den Bildern von Meer und Sturm.
Meer und Sturm sind in der Bibel Urbilder dafür, was unser Leben bedrängt.
Bilder dafür, was das Leben nicht so sein lässt, wie es von Gott her sein soll.
Wie gut, spricht uns unser Psalm zu, wenn wir dann gerade eben bei Gott Zuflucht, Schutz und Trost finden können. Wie bei einer festen Burg, die durch nichts zu erschüttern ist, die fest steht im Toben und Tosen der Zeiten. „Alles ist eitel, du aber bleibst", heisst es in einem unserer Kirchenlieder.
Stürme kommen und gehen, genauso wie die Herren der Welt, die sich sicher im Sattel wähnen, fast allmächtig, gestützt auf Macht und Gewalt. So hoch wie sich aufschwingen, so tief fallen sie.
Wir sind Zeitzeugen solcher Vorgänge, in der arabischen Welt.
Oder denken wir an die Berliner Mauer, die vor genau 50 Jahren errichtet wurde und angeblich für die Ewigkeit gedacht war – heute hat man Mühe, überhaupt noch Reste von diesem Bauwerk des Hochmuts zu finden, von den Erbauern ganz zu schweigen.
„Die Herren der Welt gehen, aber unser Herr kommt", hat der einstige UNO-Generalsekretär Dag Hammerskjöld einmal passend dazu prophetisch gesagt. „Gott sitzt im Regimente", heisst es im Paul-Gerhardt-Lied „Befiehl du deine Wege". Gott regiert, er ist und bleibt, wenn alles vergeht. „Alles ist eitel, du aber bleibst". Auch die kleinen und grossen Stürme unserer Tage werden vergehen, auch das, was uns im Leben „sturm" macht, hat keinen Ewigkeitswert. Wir können aber mit, dem was uns bedrängt, im Gebet zu Gott flüchten wie zu einer festen Burg, er richtet uns wieder auf, räumt uns das, was uns „sturm" macht, nicht aus dem Weg, aber gibt uns Halt, durchzuatmen, stärkt uns, damit wir hindurch kommen.
Nun gibt es aber in unserem Leben, liebe Gemeinde, auch Tage und Zeiten, wo mir diese Burg, wo mir Gott vielleicht auch unendlich fern vorkommt.
Unerreichbar scheint mir dann der Halt bei ihm, Wellen und Sturm schlagen mir über dem Kopf zusammen.
Jede und jeder kennt wahrscheinlich auch *solche* Situationen, wo wir Mühe haben, Halt zu finden bei Gott. Vielleicht haben wir schon lange nicht mehr gebetet oder haben es sowieso nicht so damit, dann scheint es noch sinnloser und vergebens.

Situationen, wo der Sturm zu stark ist, als dass ich so leicht Zuflucht finden könnte beim Gottesfels.
Da kann uns die vorhin gehörte stürmische Begebenheit aus dem Neuen Testament helfen. Es ist die Sturmstillung durch Jesus.
In einem ganz alltäglichen Vorgang wie so eine Überfahrt über den See mit dem vertrauten Meister bricht plötzlich etwas Unvorhergesehenes ein. Ein Sturm kommt auf und die Jünger bekommen Angst, „Meister, Meister, wir gehen unter!" Das kennen wir auch, die Angst, unterzugehen, das Gefühl, dass uns das Wasser bis zum Halse steht. Und Gott scheint das dann nicht zu kümmern, so wie Jesus, der hier auf dem Boot schläft, während die anderen nicht mehr aus noch ein wissen. Im gleichen Masse, wie das Wasser steigt, schmilzt ihnen der Glaube, das Vertrauen in den vertrauten Meister.
Aber mit dem letzten Rest Glauben, dem letzten Fünkchen Hoffnung besinnen sie sich wieder auf ihn. Sie wecken ganz stürmisch den schlafenden Jesus, bestürmen ihn mit ihrer Not.
Und er stillt den Sturm, gebietet dem Bedrohlichen Einhalt, gibt ihnen wieder Boden unter den Füssen.
Auf *uns* und *unsere* stürmischen Zeiten gemünzt: Jesus sitzt mit uns im gleichen Boot, teilt mit uns den Weg durchs Meer der Zeit, bricht mit uns zu neuen Ufern auf. Er ist da, ist einer von uns, der Immanuel, der „Gott-mit-uns".
Auch wenn wir das manchmal vergessen, weil alles wie üblich und gewohnt in unserem Leben verläuft und die Beziehung zu Gott vielleicht einschläft wie Jesus in unserem Boot.
Dann gilt ja trotzdem: er ist da, selbst wenn er schläft. Er ist da, selbst wenn Gott sich aus unserem Leben verabschiedet zu haben scheint. Wie die Jünger hier können wir ihn dann wecken, zu ihm schreien und rufen, dass er uns helfe.
Wie schön ist es, wenn wir dann wie diese das erleben dürfen: dass er aufsteht und unsere Lebensstürme stillt, so dass wir nur staunen können und glauben und Zuflucht und Frieden finden bei ihm wie bei einem Fels in stürmischer See. Fortsetzung folgt...

Ökumenische Bergchilbi (Kirchweih), Lukas 8,22-25 „In einem Boot"

Liebe Bergchilbi-Gemeinde,

seit gut 40 Jahren tut die Schifflischaukel hier an der „Chilbi“ (Kirchweih) treu ihren Dienst, als einzige in der Schweiz mit 10 Schiffli gleichzeitig! Wer hier schon als Kind geschaukelt ist, bringt zum Teil nun schon die eigenen Kinder…
Also hat es doch wenigstens eines der Schiffli mehr als verdient, mal einem Gottesdienst an der Bergchilbi den Titel zu geben: „In einem Boot“.
Je nachdem, wie man den Satz betont, gibt es zwei Schwerpunkte:
1. In einem *Boot* oder 2. In *einem* Boot. Zum ersten: Was einem in so einem *Boot* alles passieren kann, haben wir im Evangelium eben gehört: Da kann plötzlich Sturm aufkommen, dass einem Angst und Bange wird. Das ist dann anders als beim Schiffli an der Schaukel, das kann man bremsen und anhalten, wenn's zu wild wird. Draussen auf dem See geht das nicht. Drum kriegen die Jünger auch Angst, ihnen wird ganz „sturm“ vom Sturm. „Meister, Meister, wir gehen unter!“ Das kennen wir manchmal im übertragenen Sinne auch von unserem Leben: Die Angst, unterzugehen, das Gefühl, dass uns das Wasser bis zum Halse steht.
Weil allerlei auf uns einstürmt, so dass uns ganz „sturm“ wird: Seien es gesundheitliche Probleme, Sorgen um unsere Lieben, Streit in der Familie, mit den Nachbarn. Sorgen um die eigene Zukunft und die unsrer Partner, unserer Kinder und Kindeskinder. Die Bedrohung, in den momentan häufigen Krisenzeiten die Arbeit zu verlieren oder die Mühe, wieder eine Arbeit zu finden, die zu unseren Fähigkeiten passt.
Und dann? Wäre es nicht toll, wenn da einer das einfach anhalten könnte, so wie man die Schifflischaukel bremsen kann, wenn's zu doll wird oder wie Jesus, der den Sturm anschreit, und dann ist Ruhe.
Aber haben wir in unseren Lebensstürmen, im Auf und Ab unserer Zeiten nicht eher mal den Eindruck, dass Gott das dann gar nicht zu kümmern scheint? So wie Jesus, der hier im Boot schläft, während die anderen nicht mehr aus noch ein wissen. Im gleichen Masse, wie das Wasser steigt, schmilzt ihnen der Glaube, das Vertrauen in den vertrauten Meister. - - -
Doch da ist ja Gott sei Dank noch die andere Seite unserer Seesturmgeschichte. Wenn wir nicht nur auf das schwankende Boot schauen, sondern auch darauf, wer da *noch alles* mit drin sitzt. Wenn wir unseren Satz also so betonen: „In *einem* Boot“. Das kennen wir wahrscheinlich als Sprichwort: „wir sitzen alle in *einem* Boot“…
Auf *uns* und *unsere* Lebensstürme übertragen heisst diese Bootsgeschichte: Jesus sitzt mit uns in *einem*, im *selben* Boot, er teilt mit uns den Weg durch's stürmische

Auf und Ab, er bricht mit uns auf zu neuen Ufern. Er ist da, ist einer von uns, als der Immanuel, übersetzt der „Gott-mit-uns".

Er ist da, auch wenn es sein kann, dass wir das manchmal vergessen, weil alles wie üblich und gewohnt in unserem Leben verläuft und darüber die Beziehung zu Gott vielleicht einschläft wie Jesus in unserem Boot.

Auch die Jünger im Boot erinnern sich erst wieder an Jesus, als ihnen das Wasser bis zum Halse steht.

Aber trotzdem ist er da, selbst wenn er schläft. Er ist da, selbst wenn Gott sich aus unserem Leben verabschiedet zu haben scheint. Wie die Jünger hier können wir ihn dann wecken, zu ihm schreien und rufen, dass er uns helfe.

Und dann kann auch bei uns das Wunderbare passieren: er stillt den Sturm, er gebietet dem Bedrohlichen Einhalt, hält das Geschaukel an, er gibt wieder festen Boden unter den Füssen. Wir sehen wieder Land, können weitergehen auf unserem Lebensweg.

Und schliesslich fällt noch etwas auf an den Jüngern in diesem *einen* Boot: Wir sind ja nicht allein.

Da ist immer auch eine *Gemeinde*, eine *Gemeinschaft*, wo auch die *anderen* mit im selben Boot sitzen wie ich und zu Gott schreien und ihn wecken. Das brauchen wir, wenn uns selber die Stimme versagen will, wenn Zweifel und Sinnlosigkeit Oberhand gewinnen wollen, wenn wir selber einfach nicht mehr schreien mögen...

Vielleicht kennen wir das auch, und wir brauchen nur mal hier links und rechts und vorn und hinten zu schauen um zu entdecken: Wir sind ja nicht allein. Mal mögen die einen besser, mal die anderen, im besten Falle hilft man einander wieder auf. Das gilt für's alltägliche Miteinander im Kleinen, wie im Grossen für unsere Kirchen in der Ökumene. *Zusammen* lässt sich so manches viel einfacher ertragen, denn wir sitzen ja alle in *einem* Boot. Und so lässt sich schon in den kleinen Dingen, im Teilen von Freud und Leid ein Stück vom grossen Gott erfahren, der durch Jesus immer auch mit uns im *selben* Boot (oder auch: Schiffli) sitzt.

Johannes 21,1-14 „Am See Tiberias – eine Männergeschichte"

Liebe nachösterliche Gemeinde,

am Karfreitag haben wir an dieser Stelle eine Predigt über die Frauen gehört, die es als einzige unter dem Kreuz ausgehalten haben. Und warum das wohl gerade Frauen können. Frauen waren auch die ersten Zeuginnen der Auferstehung. Und was ist mit den Männern? An Karfreitag kamen sie nicht ganz so gut weg, sie waren ja vor allem geflohen. Trotzdem erfuhren auch sie die neue und wunderbare Gegenwart des auferweckten Christus: hinter den verschlossenen Türen ihrer Angst und sogar im Zweifeln des Jüngers Thomas. Und weiter?

Inzwischen sind wir wieder im Alltag nach Karfreitag und Ostern angelangt. Das gilt für die Begegnung, die wir eben gehört haben. Das gilt auch für unseren eigenen Alltag.

Was bleibt denn von Ostern? Was geht weiter? Geht überhaupt etwas weiter? Oder sind das einfach nur schöne Erinnerungen? Vor dieser Frage standen auch die Männer am See Tiberias. Sie machen nun wieder das, was sie früher gemacht haben. Fischen. Nach den wunderbaren Erfahrungen von Ostern sind sie wieder zurück in ihrem Alltag. Wieder im Vertrauten, wieder am See, wo sie schon aufgewachsen waren, wo sie lebten und arbeiteten.

Sozusagen die „Seebuebe" von Galiläa. Das war ihr Daheim, bis es zur Begegnung mit Jesus kam, der sie von den Netzen weg zu Menschenfischern berief. Jetzt waren sie wieder am See. Am Ufer des Alltags. Im erlernten Beruf, in der täglichen Mühe um Brot und Fisch. Wo sollten sie sonst hin? Also sind die 7 Männer wieder hier am See. Und wieder in ihren vertrauten Mustern. Schauen wir noch mal genauer hin. Vielleicht finden wir uns darin nicht nur als Männer wieder, ganz sicher hat das auch was mit uns als Gemeinde zu tun... Ich will mich dabei auf 3 Beobachtungen beschränken: 1. Konkurrenz, 2. Unterschiedliche Frömmigkeitsstile 3. verschiedene Formen der Kommunikation. Zum ersten, Konkurrenz: Einer der sieben ist der, „den Jesus liebt". Er erkennt den Herrn eher als die anderen; einer der anderen, Petrus, wirft sich ins Wasser, um schneller zu sein als der Lieblingsjünger, aber das gerade angezogene Obergewand scheint das Vorhaben zu vereiteln, denn das Boot mit den anderen ist auch schnell an Land. Das Evangelium rechnet auch nach Ostern nüchtern mit Konkurrenz innerhalb der Gemeinde. Das gibt es, nicht nur unter Männern. Aber sie kann ihre trennende Härte verlieren. Es wird von ihr erzählt mit einem Schuss Humor, fast eine Realsatire.

Zu guter Letzt bleibt offen, wer zuerst bei Jesus „ankommt", es wird einfach nicht mehr erwähnt. Wichtig ist vielmehr: es ist ja *für alle* Fisch gebraten und Brot gebacken.

Daran schliesst 2. an, unterschiedliche Frömmigkeitsstile: wir alle kennen in unserer Kirche, in unseren Kirchen verschiedene Stile, wie wir unseren Glauben leben.

Manchmal gibt es, wie bei den Männern am See, gewisse Rivalitäten um den „richtigen Weg“. Ich erinnere mich noch gut: als ich als junger Mensch den christlichen Glauben entdeckte, war ich davon überzeugt, dass natürlich nur die Art und Weise, wie ich gerade den Glauben lebte, die einzig richtige ist und ich drum die anderen davon überzeugen muss. Mit der Zeit entdeckte ich die *Toleranz* als Frucht der Liebe und damit als sehr hoch einzuschätzendes Glaubensgut. Das war zugleich eine Erleichterung wie auch Bereicherung. Es gibt verschiedene Arten des Glaubens und der Streit darüber, welche die richtige sei, ist eher ein Zeichen der eigenen Unsicherheit als des festen Glaubens. Wir sehen das hier sehr schön bei den Männern vom See: Der eine springt über Bord, um seinem Herrn entgegenzueilen. Die anderen bleiben stetig bei der Arbeit und kümmern sich in Ruhe um den Fang.
Und beide „Glaubensweisen“ dürfen sein.
Hier wird nichts reglementiert und nichts bewertet... Auch da ist der Auferstandene barmherziger als die unterschiedlichen Glaubensweisen in allen Jahrhunderten. Die zum Teil bis heute mit gegenseitigen Verdächtigungen und Anschuldigungen nicht immer sehr gute Werbung für den Glauben waren und sind.
Er, der Auferstandene erwartet *beide* Jünger und zu *beiden* sagt er „kommt“.
Und im Nachhinein werden die Jünger dann entdeckt haben, dass der Unterschied zwischen dem einen und dem andern so klar nun auch wieder nicht war: Der Lieblingsjünger, der Jesus als erster erkannt hatte, blieb beim Fang. Petrus, der sich als erster aufgemacht hatte, zieht dafür das Netz an Land... So kann's gehen...
Zum letzten, verschiedene Formen der Kommunikation: Wie schwer fällt es uns, und Männern besonders, über das zu sprechen, was uns in der Tiefe unserer Existenz berührt, was tiefe Gefühle und Sehnsüchte anspricht und weckt. Es heisst hier: „Keiner von den Jüngern wagte, ihn auszuforschen: Wer bist du?“ Sie schweigen, obwohl sie wissen. Sie schweigen gemeinsam, keiner muss sich jetzt besonders hervortun mit der „richtigen“ Frage oder der ungefragten Antwort. Es muss sich aber auch keiner innerlich oder äusserlich „aus dem Staub machen“, weil ihm das alles zu nahe kommt.
Jesus lässt ihr „schweigendes Wissen“ und ihr „wissendes Schweigen“ gelten. Er verlangt von ihnen trotz der gemachten Erfahrungen kein gesprochenes Bekenntnis. Er fragt seinerseits nicht: Was denkt ihr, wer ich bin? Er achtet die Grenze der Sprachfähigkeit der Männer. Männer reden nicht gern. Keiner muss sich hier vor den anderen „outen“. So können sie tief bewegt sein und doch zusammenbleiben. Und so

sitzen sie ums Feuer, und reden nicht viel und teilen das Mahl. Wie sie es schon immer mit Jesus getan hatten, auf ihrem gemeinsamen Weg, wie sie es auch taten an ihrem letzten gemeinsamen Abend, bevor sich ihre Wege trennten. So glauben wir Jesus auch heute noch gegenwärtig, wenn wir miteinander Brot und Wein teilen. Abendmahl als Zeichen von Auferstehung auch im Hier und Heute? Es lohnt sich sicher, darüber nachzudenken...

Was aber schliesslich finden wir sonst noch für Zeichen der Auferstehung in unserem Leben, sozusagen „am Ufer *unsres* Alltags"?

Nicht nur nach Ostern, sondern ständig müssen wir ja immer wieder in den Alltag zurück. Wo erleben wir da so etwas wie diese Begegnung am See? Wo kommt der Auferstandene in unserem sozusagen „ganz normalen Leben" zu uns? Da wo wir lebenswerte, zukunftsweisende Wege und Hoffnungszeichen entdecken. Wo Menschen wieder neuen Mut fassen und aufstehen. Da kennt jede und jeder sicher selber einige Beispiele.

Diese Begegnung im Alltag der „Seebuebe" von Tiberias will auch uns zeigen, dass uns Jesus immer wieder auf überraschende Weise nahe sein kann und unsere Wege auch im Alltag begleitet, oft unerkannt oder erst im Nachhinein.

Ich möchte mit 3 Beispielen schliessen, die mich in jüngster Zeit beeindruckt haben. Passend zum Thema heute sind 2 aus der Männerwelt, ich bitte um Nachsicht. Wohl wissend, dass es genauso gut und oft vor allem die Frauen sind, die wieder aufstehen. Die z.B. wieder in ein neues Leben finden, wenn der Partner nicht mehr da ist.

Mein erstes Beispiel stammt aus meinem persönlichen Umfeld. Ein Bekannter, den ich vor gut 20 Jahren kennen lernte, und um den ich mir damals recht Sorgen machte, schrieb mir vor wenigen Tagen ein e-mail. Darin stand, dass es seiner Familie sehr gut gehe und sein Veloladen in einer ostdeutschen Stadt „grade zu Brummen anfängt". Halleluja, war mein erster Gedanke – da hat einer sein Leben auf die Reihe gekriegt! Aufstehen mitten im Alltag... Das 2. Beispiel habe ich in einer Zeitschrift gelesen, es ist mir recht nachgegangen: Ein schweizer Unternehmer, der ein weltbekanntes Sanitärprodukt produzierte, musste 2007 in den Konkurs. Er verlor einen grossen Teil seines Privatvermögens, Aussenstehende bezeichneten ihr gar als „Versager". Er gab nicht auf, sondern fand neue Investoren, die Firmenidee lebt weiter, ein Grossteil der Belegschaft konnte übernommen werden.

Wieder Aufstehen nach einem grossen Sturz.

Schliesslich denke ich an ein Hochzeitspaar. Beide haben, nach erlebten Trennungen in nicht mehr ganz so jungen Alter noch einmal einen ganz neuen Anfang miteinander gewagt. Wieder aufstehen aus Enttäuschungen, in der Kraft der Liebe.
Und so wird jede und jeder Beispiele finden, wo jemand oder etwas am Boden war und wo es dann wieder gut kam.
Beispiele für Auferstehung hier und jetzt, am Ufer des Alltags.
Bleiben wir wachsam dafür, erzählen wir einander davon und helfen wir einander dazu. Das macht Mut. Das ist der Geist der Auferstehung. Und was wird erst sein, wenn Gott uns zu neuem Leben ruft, wenn wir diese Welt verlassen? Wir werden staunen. Und feiern.

Jahreslosung 2010 Johannes 14,1 „Euer Herz erschrecke nicht – glaubt an Gott und glaubt an mich!“

Liebe Gemeinde,
wenn wir so etwas wie einen „roten Faden“ suchen in den vielen und vielfältigen Aussagen der Bibel, der Grundlage unseres Glaubens – was könnte das sein?
Ich glaube, dass es genau das ist, was wir hier zu Jahresbeginn gehört haben und was uns durch dieses ganze neue Jahr 2010 begleiten soll und hoffentlich auch noch weit darüber hinaus: „Euer Herz erschrecke nicht – glaubt an Gott und glaubt an mich!“ Hören wir da nicht noch einmal die Botschaft der Engel an die Hirten und an alle Welt: „Fürchtet euch nicht!“? Und wenn wir noch weiter zurück gehen in der Bibel: ist da nicht immer wieder jemand, der jemand anderen zusagt: „hab keine Angst, Gott ist mit dir“?
Sind nicht alle Begegnungen der Bibel letzten Endes zumeist Bewahrungsgeschichten?
Ja, ich glaube, das ist sozusagen „der rote Faden“ durch die ganze Bibel, vom Regenbogen des Noah angefangen bis hin Ausblick des Sehers Johannes am Ende der Bibel.
Immer wieder heisst es: „Fürchte dich nicht!“ – Du brauchst keine Angst zu haben, denn *Gott* ist ja mit dir.
Das heisst nicht immer, dass alle Geschichten und Begegnungen der Bibel mit einem „Happy End“ ausgehen, obwohl wir solche Geschichten am liebsten haben. Wenn immer alles gut ausginge in der Bibel – das würde zur Bibel als sehr realistischem

Abbild unserer menschlich-allzumenschlichen Wirklichkeit wohl auch gar nicht passen. Denn in unserem Leben ist das ja auch nicht immer so. Und gerade so finden wir ja uns selber immer wieder in den biblischen Geschichten. Aber dabei bleibt es ja nicht: das Besondere an den biblischen Überlieferungen ist, dass durch alles Schöne und Unschöne, Fröhliche und Traurige immer als letzte Grösse letztendlich Gott „hindurchscheint".

Sozusagen wie durch eine Folie, wo durch die Geschichten der Bibel auf einer noch tieferen Ebene das Mitgehen Gottes durchscheint.

Auch in unserem Leben, mit unseren Erfahrungen und Lebensgeschichten ist das möglich, durch alle Hochs und Tiefs hindurch, durch alle „happy" und „unhappy ends".

Darum heisst es immer wieder: „Fürchte dich nicht!". Du brauchst keine Angst zu haben, denn *Gott* ist ja mit dir.

Hier nun sagt Jesus das seinen Jüngern zu.

Die haben es auch nötig. Es gefällt ihnen nicht, was sie hören. Denn Jesus kündigt ihnen sein *Weggehen* an.

Er hat zwar den Seinen immer wieder vom Vater erzählt und dass er wieder zu ihm gehen muss, als Wegbereiter für alle Menschen.

Aber sie haben trotzdem Angst, verständliche Angst. Angst vor dem Abschied, Angst vor Verlust.

Diese Angst, diesen Schrecken will er ihnen nehmen. Angst davor, wie leicht Verbindungen zerbrechen oder abreissen können.

Jesus weiss: aus seiner Nähe haben die Jünger Kraft geschöpft, Mut und Entschlossenheit. Die Trennung aber macht Angst. Angst, wieder allein zu sein mit den Problemen, mit den Verhältnissen, mit dem Leben.

Darum versucht z.B. Petrus, die Trennung zu verhindern. Und überschätzt sich masslos, ja vollzieht gerade so die Trennung: weil er sich mit seinem Versprechen ewiger Treue masslos „überlupft" (sich überhebt), wird er daran scheitern und Jesus verleugnen. Ein immerwährendes Zusammenbleiben ist ein kindlicher Wunsch, wird aber immer ein Wunsch bleiben.

Jemanden festhalten geht nicht. Auch mit Jesus geht das nicht. Aber er lässt sie, lässt uns ja nicht einfach im Stich. Er weiss: die *Angst* lässt sich nur durch *Vertrauen* überwinden.

„Glaubt an Gott und glaubt an mich!“ Vertraut auf Gott, den ihr als fern, als gross und unfassbar erlebt, indem ihr Ihm genauso vertraut wie dem, der euch nahe ist, wie Jesus...
Für die Jünger ist das ein schwieriger Weg, und erst nach Ostern werden sie erkennen, was Jesus damit gemeint hat, wenn er von seiner Einheit mit Gott, dem Vater, geredet hat...

„Fürchte dich nicht!“. Du brauchst keine Angst zu haben, denn *Gott* ist ja mit dir.
Das gilt auch fürs neue Jahr wie für jedes Jahr. Denn mit einem neuen Jahr sind ja die Sorgen und Probleme des alten Jahres nicht einfach gestrichen. Vieles aus dem alten Jahr wird uns auch im neuen weiterhin beschäftigen. Es wäre ja sonst auch zu schön, um wahr zu sein, wenn sich mit einem neuen Jahr einfach alles so erledigen würde...
So mag es uns wohl auch mit unseren vielleicht gemachten sogenannten „guten Vorsätzen“ gehen, die wir schon fürs letzte Jahr gemacht haben und die uns auch in diesem weiter verfolgen...
Doch Gott sei Dank, im wahrsten Sinne des Wortes, steht über allem Gelungenen und nicht Gelungenem die Gnade Gottes.
Das gilt fürs vergangene wie fürs neue Jahr.
Ganz so, wie es Dietrich Bonhoeffer in seinem Gedicht zum Jahreswechsel ausgedrückt hat, das sich auch in unserem Gesangbuch findet:
Von guten Mächten treu und still umgeben, behütet und getröstet wunderbar, so will ich diese Tage mit euch leben und mit euch gehen in ein neues Jahr.
Noch will das alte unsre Herzen quälen, noch drückt uns böser Tage schwere Last. Ach Herr, gib unsern aufgeschreckten Seelen das Heil, für das du uns geschaffen hast.
„Euer Herz erschrecke nicht, fürchtet euch nicht“ – spricht nicht genau *das* zu unsern oft genug aufgeschreckten Seelen...?
Umso wichtiger, als mit Angstmacherei nach wie vor am besten Politik und auch Geschäft zu machen ist.
Ich will hier nicht noch mal wiederholen, was da gerade das letzte Jahr und vor allem die letzten Monate wieder an Beispielen gezeigt haben... Wir wollen ja nun nach vorne schauen.

Und dann sind noch die ganz persönlichen Sachen, die uns Sorgen machen: wie die Gesundheit, die eigene oder die lieber Menschen. Oder ob wohl aus unseren Kindern etwas Rechtes wird etc., da mag jede und jeder das eigene einsetzen...
In all das hinein der Zuspruch „Euer Herz erschrecke nicht – glaubt an Gott und glaubt an mich!". Damit ist das, was uns Sorgen macht, nicht einfach verschwunden – aber es steht in einem anderen Licht: im Lichte Gottes, des Schöpfers und Erhalters der Welt, Mensch geworden in Jesus Christus, darum vertraut mit menschlich-allzumenschlichem, uns ganz nahe.
Er traut uns etwas zu, er glaubt an uns – glauben wir an Ihn...?
Er lädt uns dazu ein: alle 365 Tage des neuen Jahres. Fangen wir doch grad heute damit an. Denn es gilt:
Von guten Mächten treu und still umgeben, behütet und getröstet wunderbar, so will ich diese Tage mit euch leben und mit euch gehen in ein <u>neues</u> Jahr.

Jesaja 58,1-9a „Fas(t)-Nacht"

Liebe Gemeinde aus Nah und Fern,
Die Fasnachtszeit heisst auch die 5. Jahreszeit und ist damit sozusagen eine Zeit ausserhalb der Zeiten.
Was sonst gilt, gilt hier nicht mehr. Ein Unterschied wie Tag und Nacht, vielleicht auch drum Fas-*Nacht,* wo schon auch mal die Nacht zum Tage gemacht werden kann. Nachts sieht die Welt oft anders aus, da sind „alle Katzen grau".
Drum kann, wer mag, im Schutze dieser Nacht da unter einer Maske für einmal jemand anders sein, eine andere Identität annehmen, um sich der eigenen zu versichern. Es geht laut und fröhlich zu, Regeln und Konventionen werden ausser Kraft gesetzt, damit sie sonst wieder gelten können.
Schon die Bibel berichtet von solchen Festen, die zum Teil heute noch im Judentum gefeiert werden (das „Purim-Fest", das ich einmal in Jerusalem erleben durfte) oder in abgewandelter Form auch in den christlichen Glauben gelangt sind.
Wir Menschen brauchen solche Zeiten offenbar, solche Zeiten des Festens und Feierns, um die Ordnung, die sonst gilt, überhaupt durchhalten zu können. Dazu gehört eben auch, alles anders sein lassen, um das Vertraute wieder neu zu entdecken.
Und genau darum geht es ja dann auch in der Zeit, die *nach* der Fas-Nacht kommt, die sogenannten „Fastenzeit".

Ein anderes Wort für die Fasnacht weist noch konkret darauf hin, um was es in der Fastenzeit ursprünglich ging und für viele immer noch geht: Karneval, lat. „Fleischwegnahme"...
Über die positiven gesundheitlichen Aspekte des Nahrungsmittel-Fastens will ich mich jetzt hier nicht auslassen, unser hiesiges Spital oder Ihr Arzt oder eine andere Fachperson, den Sie ja bekanntlich jederzeit befragen können, könnte das sicher besser...
Auch wenn es das vorgeschriebene religiöse Fasten seit Zwinglis Reformation, die bekanntlich durch einen Fastenbruch ausgelöst wurde, so bei uns so nicht mehr gibt, geben uns doch die Wochen vor Ostern die Gelegenheit, besonders nachzudenken. Z.B. über Verzicht und Teilen und wie das wiederum zu einem Gewinn für alle werden kann.
Dazu gibt es demnächst wieder das Brot-für-Alle-Material in alle Haushalte, diese Woche packen wir es für Sie ein...
Doch auch für uns ganz persönlich kann das zu einer besonderen Erfahrung werden: Gönnen wir uns die Gelegenheit, einen Schritt zurückzutreten, einmal wie von aussen auf das zu schauen, was uns vertraut ist, damit wir besser sehen, wie uns etwas wieder wertvoll werden kann.
Oder was uns wirklich etwas *wert* ist, was unsere *Werte* sind.
In der Evangelischen Kirche in Deutschland gibt es dazu jedes Jahr die Kampagne „7 Wochen ohne". Wo es sonst um Verzicht auf TV oder Genussmittel geht, heisst dieses Jahr das Motto „7 Wochen ohne Geiz"... Wäre das nicht toll, wenn dabei herauskäme, dass man auf diesen getrost verzichten könnte, statt ihn als neue Volkstugend oder gar etwas Genussvolles heraufzubeschwören?
Als Innehalten und sich Neuorientieren verstanden, kann das Fasten auch durchaus hilfreich sein, so hat es seine Berechtigung. - Anders jedoch *nicht*, sagt nun hier laut und deutlich unser Prophet Jesaja.
Er prangert den Versuch an, das Fasten als Vehikel zu Gott, als Methode zu benutzen.
Und hält dem etwas entgegen, was keiner so gedacht hätte: Nein, so nicht, nicht in Sack und Asche gehen ist das, was vor Gott zählt. Sondern zusammensitzen, Brot, Dach und Zuwendung teilen, dass ist ein Fasten, wie es Gott gefällt.
Oder anders gesagt: Man kann nicht den ganzen Tag fasten und beten und die Welt um sich herum im Elend versinken lassen oder sogar noch die anderen dabei mit

Füssen treten oder Fäusten schlagen. Das Joch, das andere bedrückt gehört zerschlagen, und nicht die Knochen derer, von denen ihr profitiert, sagt Jesaja.
Was da so harsch tönen mag, liebe Gemeinde, ist aber eigentlich eine Einladung zur *Liebe,* eine Einladung, in dieser Liebe *Gott* zu begegnen, der sich nicht herbeizwingen lässt.
Mit Fastentagen und geistlichen Übungen versuchte sich damals das Volk Gott zu nähern, ihn gnädig zu stimmen für ihre Anliegen, jedoch ohne den gewünschten Erfolg.
Vielleicht belächeln wir das und denken: „Na ja, das war damals, das geht uns doch nichts mehr an…" Doch gibt es diese Haltung nicht auch bei uns?
Da ist zum einen das Denken, dass ich vielleicht mit meinem guten Verhalten dies und jenes bei Gott zugute habe oder umgekehrt, Schweres im Leben irgendwie als Strafe ansehe und nach Schuld suche bei mir oder anderen.
Plötzlich kommen uns damit diese 2500 Jahre alten Worte wieder ganz nahe: das ist die Beschwerde, dass trotz allen Fastens und aller Bemühungen die Nähe Gottes ausbleibt ganz greifbar.
Die Antwort des Jesaja gilt aber genauso damals wie heute: in ihrer Eindeutigkeit der Ablehnung eines quasi „Tauschhandels" mit Gott. Seine Antwort gilt aber genauso mit ihrem Werben für einen gerechten und liebevollen Umgang miteinander.
Hungrige gibt es ja keine bei uns und auch für Obdachlose ist bei uns Gott sei Dank zumindest materiell gesorgt.
Aber was ist mit den seelisch Hungrigen, mit denen, die nach Liebe, Anerkennung und Gerechtigkeit hungern?
Was ist mit den seelisch Heimatlosen, die nicht genau wissen, wo sie hingehören, was sie anfangen sollen mit ihrem Leben?
Kennen wir solche…? - Aber Achtung: vielleicht aber *befremdet* uns hier zu recht der Gedanke, dass sich Gottes Wohlverhalten und Gehör nach unserem Tun ausrichtet.
So könnte man ja diese Worte auch verstehen. Das Befremden ist richtig.
Denn unser Leben aus der Gnade Gottes ist ein anderes, wo eben nicht gute Taten gegen Gottes Zuwendung aufgerechnet werden *können* und drum auch nicht aufgerechnet werden *müssen*.
Das war ja ein Grundgedanke der Reformatoren, drum waren sie so vehement gegen den sogenannten „Ablasshandel".

Und ganz speziell die Schweizer Reformation hatte noch ein anderes Anliegen unserer Jesaja-Worte besonders betont:
nämlich dass das *eigene* Glück und Wohlergehen auf Dauer nie ohne das der *anderen* zu haben ist.
Ein Anliegen, das damals zum „Mushafen", der Armenspeisung als Grundstock unseres Sozialwesens führte, ein Anliegen, das zeitlos wahr und gültig bleibt.
Wer weiss, vielleicht hatte ja auch ein gewisser Ulrich Zwingli auch unsere Jesaja-Worte im Sinn, als er das Wohlergehen des Menschen und Mitmenschen als eigentliche Erfüllung der Fastengebote verstand…?
Das Wohlergehen der schwer arbeitenden Druckereiarbeiter der Firma Froschauer stellte Zwingli über das förmliche Fleischverbot der Fastenzeit. Bekannt wurde das als das berühmte „Wurstessen" im Hause Froschauer, was ja die Reformation in Zürich auslöste… Seitdem tun wir Reformierten uns - wie eingangs gesagt - etwas schwer mit dem Fasten.
Aber man muss ja wie überall das Kind nicht gleich mit dem Bade ausschütten…
Alles zu seiner Zeit und am rechten Ort, wie schon Paulus schrieb: „Prüfet alles und das Gute behaltet." Von ihm schliesslich stammen auch die Worte der Einladung (aus 1. Kor. 13) an uns, die wir wie eine Antwort auf unsere Jesaja-Worte gehört haben: dass ich mich noch sehr anstrengen und alle möglichen geistlichen Übungen machen kann – hätte ich aber keine Liebe, so nützte es mir nichts…
Aber mit Liebe im Gepäck oder besser noch im Herzen wird, ohne, dass ich vielleicht gross drüber nachgedacht habe, plötzlich dieses Wort von Jesus wahr: „Was ihr einem meiner geringsten Brüder resp. Schwestern getan habt, das habt ihr mir getan."
Ist das nicht ein Fasten, wie es Gott liebt?

„Lebenswelten (1): Raum"

Liebe Gemeinde,
als Pfarrer und damit potentieller Bücherwurm (für die ja dann meist doch nie Zeit bleibt…) bekommt man regelmässig Kataloge zugesandt. Ein christlicher Verlag z.B. bietet darin neben Büchern auch Kunsthandwerk an.
Darunter gibt es auch einen kleinen Anhänger. Er besteht aus zwei Füssen am Rande eines grossen Vierecks.

Dargestellt ist hier Psalm 31,9: „Du stellst meine Füsse auf weiten Raum“ oder (Zürcher Bibel) „...auf weiten Plan“.
Eine wirklich originelle Umsetzung dieses Verses, der mir wohl darum auch so gut im Gedächtnis geblieben ist.
„Du stellst meine Füsse auf weiten Raum“ – das mag viell. auch Bilder zu wecken in uns. Das können schöne Traumbilder sein oder Ferienerinnerungen an weite Landschaften...
In diesen Worten der Weite liegt etwas Verheissungsvolles, Erfahrung von Freiheit.
Doch hört ja bekanntlich unsere Freiheit an der der anderen auf, und darum braucht diese Freiheit auch Verantwortung.
„Du stellst meine Füsse auf weiten Raum“ – nirgends wird der Zusammenhang von Freiheit und Verantwortung deutlicher als dann, wenn wir an Raum als unseren Lebensraum denken.
Erinnern Sie sich noch an die Verse von vorhin aus Psalm 8?
Da war das Staunen darüber, dass uns Menschen alles zu Füssen gelegt ist, darüber, dass wir nur wenig niedriger als Gott gemacht sind und darum Gottes ganzes Werk als weiten Lebensraum zur Verfügung haben.
Zur Verfügung – aber nicht in Besitz, zur Verfügung, doch wofür, und wie gehen wir damit um?
Spätestens seitdem wir am Anfang Februar vor grünen Skipisten standen, lässt mir das keine Ruhe mehr. –
Nun erschien der UNO-Klima-Bericht, seitdem gibt es keine Ausreden mehr. Der Klimawandel findet statt, die Erhöhung des Meeresspiegels auch. Die Klimaerwärmung, v.a. verursacht durch unseren Kohlendioxid-Ausstoss im Kleine wie im Grossen, wird uns hier zwar nicht unmittelbar treffen, aber das eine oder Ferienstrandparadies von früher wird dann wohl nur noch für ganztägige Tauchausflüge geeignet sein.
Was wir aber schon davon merken, sind langfristig die verschwindenden Gletscher und eben ganz aktuell die grünen Skihänge. An einem solchen sagte uns jemand letzthin sinngemäss: das Ganze ist doch gar nicht so schlimm, Gott wird das schon richten, wir müssen Ihm nur genug vertrauen.
Das hat mich ehrlich gesagt etwas irritiert, in Zeiten, da sich die Einsicht, etwas tun zu müssen, sogar bis in allerhöchste Regierungskreise z.B. der USA durchgesetzt hat...

Heisst denn „Gott wird es schon richten", konsequent weitergedacht, dass Gott dafür da ist, das auszubügeln, was wir an seiner Leihgabe „verbockt" haben? Können wir denn Gott die uns von ihm anvertraute Erde eines Tages wieder hinhalten, mit klagender Miene, wie Kinder, die ein kaputtes Spielzeug eintauschen möchten…? Hiesse denn „wir müssen nur genug glauben", wieder konsequent weitergedacht und zugespitzt formuliert, dass z.B. Christen, die sich für die Erhaltung der Umwelt engagieren, nicht genug oder nicht richtig glauben? – Ein prominentes Gegenbeispiel ist Greenpeace. Zwei seiner Gründungsmitglieder kommen aus der christlichen Tradition der Quäker. Quäker zeichnen sich v.a. aus durch ihre „testimonies", Zeugnis geben. Im Gottesdienst sitzen alle ganz still, bis jemand vom Geiste Gottes ergriffen aufspringt und ein „Zeugnis" abgibt, also erzählt, was er oder sie mit Gott erlebt. Die religiöse Inbrunst lässt dann die Gläubigen oft erzittern, erbeben, engl. „to quake", was ihnen ihren Namen „Quäker" eingebracht hat.
Dieses Zeugnis geben und die absolute Gewaltlosigkeit finden sich wieder in den Aktionen von Greenpeace. Deren Aktivisten sind als stumme und gewaltlose Zeugen mit dabei, wo der Umwelt irgendeine Ungerechtigkeit angetan wird und machen so darauf aufmerksam. Tun sie das, weil sie Gott nichts zutrauen? Oder haben sie vielleicht den nur allzu oft zuungunsten der Schöpfung zitierten Satz „Macht euch die Erde untertan" neu und richtig verstanden? Es geht ja eben nicht darum, die uns zu Füssen gelegte Natur mit denselben zu treten, bis sie sich nicht mehr rührt, sondern uns zu ihr hinabzubücken, zu schauen, was ihr gut tut und fehlt – denn wir haben ja nur die eine.
Auch sollten wir uns schliesslich im selben Sinne hüten, den folgenden wunderbaren Vers überzustrapazieren, an den uns jeder Regenbogen erinnern möchte. Er stammt vom Ende der Sintflutgeschichte (1.Mose 8,22). Gott sagt da: „Solange die Erde steht, soll nicht aufhören Saat noch Ernte, Frost noch Hitze, Sommer und Winter, Tag und Nacht".
Dieses Versprechen, meine ich, tut uns gut und mag uns vor überhitztem Aktionismus oder Weltuntergangsstimmung bewahren.
Aber zugleich gibt er uns keinen Freibrief dafür, das, was unseren Lebensraum wissentlich schädigt, auch weiterhin so zu tun, in der Meinung, dass Gott es dann schon wieder ausbügelt.

Über den Kohlendioxid-Ausstoss jedes Landes z.B. gibt es klare Zahlen und jeder Autohändler z.B. gibt darüber Auskunft, was unser neues Auto so alles rauslassen wird oder eben auch nicht.
Freiheit in Verantwortung – das meint der Satz „Du stellst meine Füsse auf weiten Raum“... Nutzen wir diesen Raum, und das zum Guten, jede und jeder – denn „viele kleine Leute an vielen kleinen Orten, die viele kleine Dinge tun, können das Gesicht der Erde verändern“.
Ich wünsche mir, dass so auch noch die nach uns Kommenden in unseren wunderbaren 8. Psalm einstimmen können, dass es dann noch Tiere auf der Erde gibt und Vögel am Himmel und Fische im Meer, über die sie staunen können.
Und dass ihr Staunen auch noch in diesen Jubelruf zu münden vermag, mit dem unser Psalm das Staunen beschliesst. „Herr, unser Herrscher, wie herrlich ist Dein Name in allen Landen“.
Ein Jubelruf, zu dem alles Staunen hinführen möchte, weil er wieder ins rechte Licht rückt, wem eigentlich die Welt gehört, wer der Schöpfer unserer Schöpfung ist, die es zu bewahren gilt.

„Lebenswelten (2): Zeit“

Liebe Gem. aus Gross und Klein, aus Nah und Fern,
„Alles hat seine bestimmte Stunde, und jedes Ding unter dem Himmel hat seine Zeit.“ (Kohelet 3)
Der Prediger Kohelet ist ein guter Beobachter, er denkt sich diese Ordnung nicht selber aus. Er beschreibt, was er vorfindet:
Wer mitzählt, kommt auf 28 Zeiten, diese bilden zusammen 14 Paare, die einander wie Pole, wie + und – gegenüber stehen. Etwas Zahlensymbolik: Mit den 14 Paaren verknüpft er die 2 als Zahl des Menschen, der ja bekanntlich als Paar auftritt, mit der doppelten Zahl der Vollkommenheit, der 7. Die Vollkommenheit der 7 wiederum ergibt sich aus der Summe der irdischen Vollkommenheit 4 (Jahreszeiten, Himmelsrichtungen) und der himmlischen Vollkommenheit 3 (Dreieinheit Gottes).
Das macht Kohelet aber nicht einfach so weil er gerne rechnet. Vielmehr hat er dahinter eine gute Botschaft: Das Leben mit all seinen Schattierungen hat also eine gute, erkennbare Ordnung, in der uns vollkommene Schöpfergüte begegnen kann. Und das sogar doppelt: 7x2=14, mal der 2 des Menschen = 28.

Alles, was er aufzählt, gehört zum Leben und kann (be-)glücken. Wenn wir unsere Zeit als Geschenk Gottes betrachten.

„Wer Zeit als Geschenk betrachtet, hat immer genau genug davon – knapp wird sie vor allem für den, der sie als eigenen Besitz erachtet", habe ich mal pointiert gelesen. Meine Zeit als eigenen Besitz - dann muss sie mir zwischen den Fingern zerrinnen, habe ich nie genug. Dann muss da möglichst alles rausgeholt werden, müssen Stunden und Minuten gewinnbringend angelegt werden, da darf vor allem keine Zeit verschenkt werden...

„Zeit ist Geld", heisst dann die bekannte Devise... Aber ist Geld auch Zeit...???

Schon von unseren Kids vorhin haben wir gehört, was für ein vollgestopftes Programm sie oft haben. In der Schule und in der Freizeit, wenn das überhaupt noch diesen Namen verdient...

Auf der anderen Seite sind dann die, die z.B. *nicht* mehr im Beruf stehen und plötzlich viel zu viel Zeit haben und darunter sogar leiden.

Wir haben oft gar nicht mehr die 28 Zeiten zur Verfügung, wie sie der Prediger Kohelet beschreibt, sondern kennen nur noch zwei Zeiten: Arbeitszeit und Freizeit. Oder anders gesagt: Alles muss entweder etwas (ein-)bringen oder unbedingt Spass machen.

Aber dann die Frage, die uns von den Worten Kohelets her gestellt ist: Wo sind dann aber die Gefässe zum Zuhören, und zum Kranksein, wo ist Zeit zum Tanzen, wo zum Weinen?

Selbst wenn wir bei den heute dominanten zwei Zeiten bleiben, müssen wir folgendes feststellen: Selbst die Grenze zwischen Arbeits- und Freizeit verschwimmt immer mehr. Die Technik macht's möglich.

Wir sehen in der Stadt im Park Bänker aus den benachbarten Geldinstituten, die an ihrem Laptop arbeiten. Wir fahren Zug? Kein Problem, auch da können wir im Internet surfen!

Alles ist Arbeit, Alles ist Freizeit – wo ist die Grenze?

Wäre nicht der Park viel besser geeignet, um spazieren zu gehen, oder mit Freundinnen und Kollegen gemütlich zu grillieren? Könnte die Bahnfahrt viel entspannter sein, wenn man zum Fenster rausschauen oder gar ein Nickerchen machen kann, als ständig e-Mails abzurufen oder (zum Leidwesen der Mitreisenden) zu telefonieren? Mal Hand auf's Herz: Ist es vielleicht doch gar nicht so toll, überall und ständig erreichbar zu sein? Und dass damit auch erwartet wird, ständig erreichbar sein zu *müssen?* Inzwischen ist ja der wahre „Luxus", für eine gewisse Zeit eben mal *nicht* erreichbar zu sein. Ein Geschäftsmann, der regelmässig in unsere Gottesdienste kommt, hat mir das bestätigt: „Sonntag Morgen in der Kirche ist die einzige Zeit in der Woche, wo mal niemand etwas von mir will..."

„Zeit ist Geld" – Zeit ist oft unsere kostbarste Währung. Aber sie ist selten unser schönstes Geschenk, das wir empfangen und weitergeben könnten.

Kohelet dem gegenüber weiss, dass wir eine gute Ordnung brauchen, um uns zurechtzufinden.

Es gibt für alles eine Stunde, erkennt er – aber sind wir selbst auch da, wenn die Zeit für etwas ist?

So ganz sicher ist das nämlich gar nicht, wie die abschliessende Weisheitsgeschichte zeigt:

Ein weiser Mann wurde einmal gefragt, warum er trotz seiner vielen Beschäftigungen immer so gesammelt sein könne. Dieser sagte: Wenn ich stehe, dann stehe ich, wenn ich gehe, dann gehe ich, wenn ich sitze, dann sitze ich, wenn ich esse, dann esse ich, wenn ich spreche, dann spreche ich...

Da fielen ihm die Fragesteller ins Wort und sagten:

Das tun wir auch, aber was machst du noch darüber hinaus?

Er sagte wiederum:

Wenn ich stehe, dann stehe ich, wenn ich gehe, dann gehe ich, wenn ich sitze, dann sitze ich, wenn ich esse, dann esse ich, wenn ich spreche, dann spreche ich ...

Wieder sagten die Leute: Das tun wir doch auch. Er aber sagte zu ihnen:

Nein, wenn ihr sitzt, dann steht ihr schon, wenn ihr steht, dann lauft ihr schon, wenn ihr lauft, dann seid ihr schon am Ziel.

Auch wir werden immer soviel Zeit haben, wie wir uns schenken lassen und wie viel wir geschehen lassen.

„Lebenswelten (3): Die Anderen"

Liebe Gemeinde,

ich möchte heute versuchen, die Predigtreihe zu aktuellen Lebensfragen kurz zusammenzufassen und zu einem *vorläufigen* Ende zu bringen. *Vorläufig* ist dieses Ende deshalb, weil diese Reihe ja nur ein Versuch, eine Momentaufnahme sein kann.

Die Welt dreht sich weiter, darum müssen wir auch die Gedanken aus christlicher Sicht immer wieder anpassen.

Im 1. Teil also hatten wir in unserer Lebenswelt den Aspekt des *Raumes* betrachtet. Raum zugespitzt auf Lebens-Raum, die Welt auf die als uns von Gott zur Verfügung gestellte.

Es ging um von uns oft bedrohte Schöpfung, die sehr gut ohne uns auskommt – aber wir nicht ohne sie.

Darum haben wir einen Auftrag von den kommenden Generationen zur Bewahrung unseres Lebens-Raumes.

Im 2. Teil unserer Predigtreihe stand die Zeit im Mittelpunkt. Trotz all unserer Versuche, sie mit raffinierten technischen Mitteln und Agenden in den Griff zu kriegen, bleibt auch sie letztlich unverfügbar. Wenn wir uns das vor Augen führen, könnte das unter Umständen unsere Einstellung zur Zeit ändern: Sie ist dann nicht mehr knappe Währung nach dem Motto „Zeit ist Geld", sondern ein Geschenk, grosszügig weiter zu schenken.

Es tut uns gut, nicht nur im Ein- oder Zweierlei von Arbeitszeit und Freizeit zu bleiben, sondern noch viel mehr Zeiten in unserem Leben zu entdecken.

Zeiten, die wir brauchen und darum zulassen dürfen, wie Zeit zum Lachen, zum Weinen, zum Trauern und zum Tanzen, Zeit für das Leben also in all seinen Spannungen – und nicht zuletzt Zeit für andere. „Alles hat seine Zeit und jegliches seine Stunde" hiess es dazu beim biblischen Prediger Kohelet.

Der letzte Teil nun heute nimmt schliesslich diese andere wichtige Erfahrung aus unserer Lebenswelt auf: es gibt da stets nicht nur mich, sondern immer auch die *Anderen.*

Nun kann aber je nach unseren Erfahrungen dieses Wort „Andere" bei uns verschiedene Gefühle auslösen.

Der „Andere", das bedeutet ja zunächst einmal ganz wertfrei, dass jemand nicht „Ich" ist. Alle ausser mir selbst sind die „Anderen". Erst durch diese anderen nehme ich mich überhaupt als „Ich" wahr und möchte vielleicht sogar jemand anderes sein. Die vielen Masken in diesen Tagen sprechen davon.

Zurück zu den „Anderen": ihr Anderssein der anderen kann ich nun 1. als Bereicherung oder 2. als Bedrohung empfinden. Schauen wir, was unsere beiden Bibeltexte damit zu tun haben:

1. Die Anderen als Bereicherung

Bereicherung können wir durchaus mehrdeutig verstehen.
Zum einen positiv: da gibt es Situationen, in denen ich von der Andersartigkeit der Anderen profitieren kann, indem sie mir z.B. neue Gedanken und Impulse vermitteln oder ich mich an ihnen orientieren kann.
Nehmen wir das Miteinander unser Kirchen: aus dem traurigen jahrhundertlangen Sich-Bekämpfen ist an vielen Orten ein gegenseitiges Lernen und Sich-Ergänzen geworden.
Aus dem „ich danke dir, dass ich nicht bin wie jener“ unseres Jesuswortes (Lukas 18,11) ist ein „ich danke dir für den Anderen“ geworden.
Und was sind wir froh, wenn es andere gibt, die uns in Krankheit, Schwachheit oder sonst in Schwierigkeiten zur Seite stehen, da, wo unsere eigene Kraft nicht mehr ausreicht.
Verstehen wir Bereicherung *durch* die anderen allerdings als Bereicherung *an* den anderen, ist sicher etwas schief gelaufen. Was das ganz aktuell bedeuten kann, zeigt uns die aktuelle Kampagne von Brot-für-Alle/Fastenopfer.
Verdrehen wir Bereicherung *durch* andere in Bereicherung *an* anderen, geht zwangsläufig die Würde der Anderen in die Knie.
Das fällt aber immer auch auf uns selber zurück.
Damit sind wir bei der Begebenheit aus dem Alten Testament, die wir vorhin gehört haben (1.Sam 12,1-7a). Der sonst in der Bibel als positiver Held geschilderte König David hat sich an einem seiner Untergebenen bereichert, hat diesen, um dessen Frau zu bekommen, in den Tod geschickt.
Der Prophet erzählt ihm daraufhin die Geschichte vom einzigen Schaf eines Mannes, das sich ein anderer schnappt. Davids Gerechtigkeitssinn rebelliert, er verlangt die Bestrafung des Übeltäters. Und dann kommt ein Satz, wie ein Spiegel. Auf hebräisch nur zwei Worte, aber die sitzen: „ata ha'isch“ – „*Du* bist der Mann!“. Da gibt es keine Ausrede mehr. Punkt.
Drum fühle ich mich von diesem Satz immer wieder hinterfragt: Wo würde mir das gesagt?
Wo bin ich es, der mit dem Finger auf andere zeigt, aber dabei vergisst, dass dabei drei Finger auf mich selber zeigen? –
In ähnlichem Sinne sind auch unsere Worte aus dem Lukasevangelium zu verstehen. Sie sprechen von einer anderen Form der Bereicherung durch andere, allerdings eine recht zweifelhafte.

Denn nicht selten sind wir froh, dass es „die Anderen“ gibt, auf die wir zeigen können.
Damit versuchen wir vielleicht uns entweder für irgend etwas zu entschuldigen oder uns sonst irgendwie ins rechte Licht zu rücken. Denken wir nur ganz aktuell an das Hickhack im Swissair-Prozess, wer was zu wem gesagt hat etc.
Zurück zu uns. Ehrlich gesagt, liebe Gemeinde: ich habe mich auch schon dabei ertappt, so zu denken wie jener Pharisäer in unserem Gleichnis, der sagt: „Ich danke dir, dass ich nicht bin wie die übrigen Menschen und schon gar nicht wie jener.“
Jesus kritisiert jedoch mit harten Worten solche Haltung.
Er veranschaulicht *seine* Haltung dazu in unserem Gleichnis.
Der Pharisäer steht hier mit seiner Aufzählung guter Taten sinnbildlich für die Selbstgerechtigkeit, auch die religiöse.
Der Zolleinnehmer als sozusagen „Prototyp des Sünders“ ist das Sinnbild für das Bewusstsein, sich mit nichts vor Gott rühmen zu können, und darum auf seine Gnade angewiesen zu sein.
Jesus zeigt uns mit der Pointe dieses Gleichnisses, dass ja *beide* Gottes Erbarmen brauchen.
Das hat etwas Befreiendes, ist darum Evangelium: keinerlei religiöse Leistung hebt die einen über die anderen hinaus. Alle brauchen Gottes Barmherzigkeit, und Er gibt sie uns. Er lässt uns erfahren, angenommen zu sein, ohne Wenn und Aber. Dieses Bewusstsein kann meine Haltung zu den Anderen ändern, denn mit was sollte ich mich vor Gott rühmen?
Und denken wir dran, liebe Gemeinde: wie schnell bin ich ja der Andere, auf den gezeigt wird. Ganz zugespitzt findet sich das im Satz des Philosophen Jean-Paul Sartre aus seinem Theaterstück „Geschlossene Gesellschaft“: Er sagt da: „Die Hölle, das sind die anderen“. – Sartre, der übrigens Atheist war, gebraucht diesen erschreckenden Satz, um folgendes aufzuzeigen: Wir selber sind es, die einander beobachten und bewerten und darum den Anderen bewusst oder unbewusst zu entsprechen zu versuchen. Und da das selten gut geht, wird das Leben zur Hölle.
Damit sind wir bei der 2. Möglichkeit, „die Anderen“ zu erfahren, nämlich als Bedrohung. Deren Andersartigkeit hinterfragt mich in meinem Dasein und legt oft eigene Mängel offen. Das ist nicht immer angenehm, so dass wir vielleicht mit Abneigung oder gar Aggression reagieren.

Ein aktuelles Beispiel dafür ist die wachsende Herausforderung durch den Islam, von vielen als Bedrohung empfunden, hier haben die „Anderen" eine durchweg negative Bedeutung.
Zeigt nicht die Diskussion z.B. über Minarettbauten, jenseits aller rechtlichen Fragen, ein viel tieferes Problem auf: wie ist das mit der Öffentlichkeit von Religion?
Das ist wohl bei uns selber ein wunder Punkt, vielleicht schlagen deshalb die Wogen so hoch. Wäre denn die Energie dieser Debatte nicht besser aufgehoben im Bemühen, christliche Werte und Bildung in Schule und Gesellschaft zu stärken? Zugespitzt formuliert: wenn Kinder bei uns in der Schule z.B. noch biblische Geschichte und damit kulturelle Identität statt Beliebigkeit lernen, dann brauchen sie sich auch nicht vor den Anderen zu fürchten.
Wenn ich weiss, wo ich selber stehe, kann ich auch Andere besser stehen lassen.
So kann letztlich auch die Auseinandersetzung mit den Anderen zur Bereicherung statt zur Bedrohung werden. Das hinterfragt und schärft ja immer auch meine eigene Haltung.
Unsere Bibelworte heute zeigen uns, dass wir uns dabei vor allzu schneller Einreihung bei Schwarz oder Weiss hüten sollen.
Wenn das alle machen, ist allen geholfen.
Jesus hat uns ja dazu befreit.
Gott sei Dank dafür.

Matthäus 22,35-40 Was ist eine christliche Gesellschaft? - Calvins Erbe heute und das „Kreuz mit dem Kreuze"

Liebe Reformationssonntags-Gemeinde,
„Was ist eine christliche Gesellschaft?" hören wir aus aktuellem Anlass in letzter Zeit im In- und Ausland immer wieder. Anstösse, darüber nachzudenken, kommen aus verschiedenen Ecken, auch bei uns. Und der Slogan aus der eine Ecke passt eigentlich ganz gut zum allgemeinen Trend der Gottvergessenheit: „Wahrscheinlich gibt es keinen Gott. Also sorge dich nicht, geniess das Leben!" - Die Schweizer Freidenker-Vereinigung wollte letztes Jahr diese Plakatkampagne aus England auch hierzulande medienwirksam lancieren. Ob die Plakate jemals aufgehängt wurden, ist mir nicht bekannt. Aber allein mit der Diskussion darüber haben die Initianten schon gepunktet. Nun sind wir auch dieses Jahr wieder mitten drin in so einer Debatte, eine „Arena"-Sendung im Schweizer Fernsehen war diesem Thema gewidmet. Titel „Das

Kreuz mit dem Kreuz". Auslöser diesmal ist der Streit um religiöse Symbole in öffentlichen Schulen, auf Berggipfeln oder die Zensur der Bibel. Die soll erst ab 16 erlaubt sein. (In Klammern gesagt: Das würde sie wahrscheinlich für Kids umso spannender machen...) Nun könnten wir aber vielleicht denken, das Ganze geht uns ja gar nichts an. Wir haben keine Kreuze in Schulzimmern und als Reformierte haben wir keine Kreuze und schon gar keine Kruzifixe. Und doch geht es uns etwas an. Warum? Nicht nur, weil in *unserem* Kanton trotz heftiger Proteste das Schulfach „Biblische Geschichte" gestrichen wurde. Unsere Kirchen haben mit neuen eigenen Unterrichtsangeboten darauf reagiert. Denn religiöse Bildung gehört nun mal zum Menschsein dazu, ganz gleich, was man dann daraus macht. Glauben oder nicht glauben steht jeder und jedem frei, und das ist auch gut so. Religionsfreiheit ist ein hohes Gut, nicht überall selbstverständlich, das kenne ich unter anderem aus der eigenen Geschichte. Nur kann ein falsches Verständnis von sogenannter. „religiöser Neutralität" seltsame Blüten treiben. Wenn z.B. unsere Kids zwar fröhliche Halloween-Umzüge machen, aber sich hierzulande Kindergärtnerinnen und Primarlehrer aus vermeintlich politischer Korrektheit nicht mehr trauen, Weihnachtslieder und –geschichten zu singen und zu erzählen. Oftmals wird zur Begründung angeführt, dass z.B. muslimische Kinder damit Probleme haben könnten. Was dann wiederum einer ablehnenden Haltung Muslimen gegenüber Vorschub leistet. Nur soviel dazu: Ich konnte auf einer Weiterbildung einen muslimischen Religionslehrer kennen lernen, der seine Kinder ganz bewusst an christlichen Weihnachtsfeiern teilnehmen lässt. Sie sollen hören, warum und wie wir hier Weihnachten feiern und können ihrerseits die wunderbare Geburtsgeschichte von Jesus aus dem Koran erzählen, die ganz ähnlich der unseren ist. Auch in meinem eigenen Religionsunterricht zählten übrigens die muslimischen Schülerinnen zu den interessiertesten und engagiertesten...

Sind die Schwierigkeiten also vielleicht gar nicht so sehr die anderen Religionen als solche, sondern eher die, dass wir von der eigenen nicht mehr zu reden wagen? Dass wir sie lieber im Privaten ansiedeln und sie aus der Öffentlichkeit mehr und mehr verdrängt werden soll? Dass das immer wieder aus fast allen politischen Strömungen gefordert wird, machte besagte Arena-Sendung wieder deutlich. Auch wenn es dabei vordergründig sozusagen nur um die Spitze des Eisbergs ging, um die sogenannten „Freidenker" und ihre Forderungen, nicht nur Kreuze in Schulzimmern, sondern auch z.B. von Bergspitzen zu entfernen. Na und nun, wird man einwerfen können, was hat das mit uns zu tun? Wir haben wie gesagt keine Kreuze in Schulzimmern und bei uns stehen – in Anlehnung an das Sprichwort – „die Kirchen noch im Dorfe". Und wenn die anderen „Frei-Denker" sind, dann sind wir eben „Selber-Denker", in Anlehnung an eine ebenfalls nicht ganz unumstrittenen ref. Werbekampagne... Grundsätzlich ist dazu zu sagen, dass ich es in dieser Debatte aufgrund meiner eigenen Erfahrungen auch mit Voltaire halte, der gesagt hat: „Ich bin nicht mit dir einverstanden, aber ich werde mich bis zum letzten Atemzug dafür einsetzen, dass du es sagen kannst." Aber was mich daran stört, ist das hohe Ross, von dem Atheisten aller Couleur zum Teil auf glaubende Menschen herab blicken, als ob diese alle irgendeinen Mangel haben und es nur noch nicht besser wissen. „Glaubst du noch oder denkst du schon?" liess in jener Sendung ein Verfechter des Atheismus mit sarkastischem Unterton vernehmen. Doch das Bild von Glauben, auf den er und andere führende Atheisten sich eingeschossen haben, hat mit Glauben, wie wir ihn durchaus denkend reflektieren und weitergeben möchten, herzlich wenig zu tun. Ich frage mich, was die wohl erlebt haben müssen, dass sie so eine Meinung vertreten. Wir verstehen Glaube als Hoffnungsquelle, als Richtschnur und Halt für das Leben.

Das aber kommt in diesen Angriffen nicht vor oder wenn, dann wird es lächerlich gemacht. Und das hört sich dann wie gesagt z.B. so an: „Wahrscheinlich gibt es keinen Gott. Also sorge dich nicht, geniess das Leben!" Spannend an dieser ganzen Angelegenheit finde ich für uns nicht die Frage ob es Gott gibt, sondern vielmehr das Gottesbild, das da vermittelt wird. Gott in diesem Slogan ist ein Finsterling, der den Menschen Angst macht und sie daran hindert, kritisch zu denken und das Leben zu geniessen. Und vielleicht noch spannender ist das Bild, das oft damit von uns Christen gezeichnet wird: Genussfeindlich und einzig darum besorgt, wie sie es ihrem Gott bloss Recht machen könnten. Ich würde sagen, das entspricht doch in etwa den schönsten Klischees, die selbst wir Protestanten von Calvin haben, und den Klischees, die wiederum uns Protestanten oft irgendwie anhaften: Der typische Protestant war und ist mitunter noch in den Augen vieler Nichtprotestanten ein unfroher Zeitgenosse: fleissig, strebsam, streng, asketisch. Er lacht wenig und problematisiert viel. Ich weiss nicht, inwiefern wir uns in diesem Bild wiederfinden... Als Christen protestantischer Prägung dürfen wir eigentlich ganz anders sein: erlöst und befreit. Auch wenn wir oft nicht danach aussehen, wie es der Philosoph Nietzsche mal gehässig bemerkt hat.

Doch gerade darum – und so schliesst sich der Kreis zum Reformationssonntag – ging es gerade auch Calvin, jenseits auch aller Klischees von ihm – wie übrigens *allen* Reformatoren: die Menschen zu *befreien*. Zu befreien von einem Gottesbild, das sich Gott als ein uns Menschen Angst einjagendes Wesen vorstellt und damit die Menschen unterdrückt. Ein Gottesbild, bei dem die alten und neuen Gottesleugner aus welchen Gründen auch immer stehen geblieben sind. Calvins Schlüssel zur Befreiung von einem solchen Gottesbild – und das mag uns vielleicht erstaunen – war die *Liebe*: die Liebe zu Gott. Nicht halbbatzig, oder lauwarm, sondern mit ganzem Herzen, mit ganzer Seele und ganzem Verstand. *Gott allein die Ehre geben* – das war seine zentrale Botschaft und ist auch heute noch seine Botschaft an uns. Und Glaube, Gott allein die Ehre geben, umschreibt er eben mit diesem Gebot: Gott von ganzem Herzen lieben, mit ganzer Seele und ganzem Verstand. Grad so, wie wir es vorhin in der Lesung aus dem Matthäusevangelium hörten. Da sind die Liebe zu Gott, zu unserem Nächsten – und zu uns selbst untrennbar verknüpft. Der Hintergrund dazu war quasi eine Fangfrage, ähnlich wie wenn wir Auskunft darüber geben müssten, was das *Zentralste* in *unserem* Leben ist. Unser Glaube, unserE PartnerIn, oder unsere Kinder. Nicht ganz einfach, da eine Reihenfolge aufzustellen, ohne sich in irgendein Fettnäpfchen zu stellen. So wollte auch ein Schriftgelehrter Jesus sozusagen „testen". Eine heikle Sache, denn da geht es um Ganze. Doch ohne zu zögern antwortete Jesus, es sei klar, welches das vornehmste unter allen Geboten ist. Aus allen ragt heraus „Du sollst den Herrn, deinen Gott lieben, mit deinem ganzem Herzen, mit deiner ganzen Seele und mit deinem ganzen Verstand. Das ist das grösste Gebot." (Nochmals eine Klammer, mit Blick auf unsere Freidenker: aha, Verstand... Den muss man also nicht bei uns sozusagen „an der Garderobe abgeben...") - In einem Nachsatz dazu sagte Jesus noch: „Das andere aber ist ihm gleich: Du sollst deinen Nächsten lieben wie dich selbst." Das bedeutet: Ich werde niemals Gott wirklich lieben, wenn ich nicht auch mit den irdischen Nächsten in Liebe verbunden bin. Das geht an alle Extremisten jeglicher Couleur. Ich werde aber andererseits irdisch nicht recht lieben, wenn meine Seele, mein Herz nicht auch die Möglichkeit der Liebe zu Gott hat. Wir dürfen ruhig sagen, dass Calvin sich da auch irgendwie festgebissen hat. Denn zum einen führte das dazu, dass er kurz und bündig zum Schluss kam: dass es für uns Sterbliche schlicht nicht möglich sei, Gott zu lieben, „von ganzem Herzen, von ganzer Seele und mit ganzem Verstand." Und zum anderen dann doch wieder meinte, dass wenn wir Gott lieben, dann kann das nicht ohne Auswirkungen bleiben, dann ist auch irdisches Wohlergehen ein Zeichen dafür, dass Gott uns liebt. Drum hat man ihn auch zum Vater des Kapitalismus erklärt, obwohl inzwischen klar ist, dass unsere heutige Wirtschaftsform im wohlgemerkt katholischen Oberitalien des 15. Jh. entstanden ist. Aber dieser Gedanke der irdischen Sichtbarkeit der Gottesliebe wurde immer mit seiner Lehre der Vorherbestimmung in Verbindung gebracht, die eigentlich – wieder wohlgemerkt – eine Lehre des Trostes in Zeiten der Verfolgung der Protestanten im 16. Jh. war. Ich halte mich da mehr, auch hier ganz konkret vor Ort an sein Wort: „Eine (wirklich christliche) Gesellschaft ist so gut, wie gut es ihren Armen geht." Da sind dann eben nicht nur die sogenannten „Gewinner" im Blick, sondern auch die immer damit einhergehenden Verlierer... Doch die wirklich spannende Frage, die übrigens alle Reformatoren umtrieb, ist ja eine andere: Hat es überhaupt einen Sinn, uns zu gebieten: „du sollst lieben"? Uns leuchtet ja ein, dass es Gebote wie „du sollst nicht töten" geben muss. Aber was kommt dabei heraus, wenn uns geboten wird: „Liebe!"? Stellen wir uns doch einmal vor: eines schönen Morgens richten wir uns im Bett auf und nähmen uns vor: „So, ab heute wird endlich mehr geliebt, und zwar richtig verteilt auf Gott, den Nächsten und auf mich selbst!" Ein Unterfangen, dem wohl wahrscheinlich kein Erfolg beschieden wäre. So kann dieses Gebot der Doppelliebe wohl kaum gemeint sein. Ja, aber wie denn dann?

Liebe, das ist ja Gottes Erkennungszeichen. Liebe-Üben, so übersetze ich das Gebot der Liebe, das soll darum auch das Erkennungszeichen der Gemeinde, der Leute Gottes, der Christen sein. Und damit sind wir wieder bei der aktuellen Diskussion darüber, was eine „christliche Gesellschaft" ist.

Vielleicht hilft es uns ja, das vom Kopf auf die Füsse zu stellen, damit das gelingen kann. Wie wäre es denn, wenn wir von daher mit diesem Gedanken anfangen: Ob du dich selbst nun liebst oder nicht, du weisst, dass Gott dich sehr liebt, dir näher ist als Vater und Mutter. Du bist ein geliebtes Kind Gottes, das ist alles, und mehr als genug. Das befreit uns dazu, uns selbst so anzunehmen wie wir sind, und damit auch unseren Nächsten. Das befreit uns von all dem „wenn ich so oder anders wäre und täte, dann könnte ich Gott lieben." Gott lieben, das können wir alle, und allein deshalb, weil wir alle Kinder Gottes sind. Im Anschluss an Calvin: Die Liebe zu Gott zeigt tatsächlich Auswirkungen, und das zuallererst bei uns selbst. Indem wir uns selbst so annehmen können wie wir sind, mit allen Schatten, die wir ja auch alle haben. Und auch indem, dass wir unseren Nächsten mit seinen je eigenen Schatten so annehmen können wie er ist, auch er ein Kind Gottes. Und das verändert: uns und unser Miteinander. So dass vielleicht der Traum von Calvin von einer christlichen Gesellschaft, einer Gesellschaft, welche durch die Liebe zu Gott und zueinander geprägt ist, doch noch wahr wird, wenn auch anders als er es sich gedacht hat. Gott zu lieben, von ganzem Herzen, von ganzer Seele, und mit ganzem Verstand, das beginnt im ganz Kleinen: Nämlich bei jedem einzelnen von uns. Und die Freude darüber darf man uns durchaus ansehen. Sehen wir uns selber diese Freude selber an? Wenn wir schon beim Aufstehen am Morgen sind: Kann ich jeden Morgen in den Spiegel schauen und sagen: „Du bist ein geliebtes Kind Gottes"? Und dann den Gedanken weiter spinnen: mein Nächster, ist es auch... Und dann noch weiter: Auch der oder die, wo mir oft so Mühe macht... Probieren wir das doch einfach einmal aus. Mal sehen was passiert. Vielleicht sagen wir dann: Ach so geht das, mit der Gottes- und Nächstenliebe. Im besten Falle werden wir eines Tages eine „christliche Gesellschaft" haben. Nicht durch Gesetze und Verordnungen oder Kreuze hin oder her. Sondern durch ansteckende Liebe. Das ist mein Traum. Ich weiss, dass das nicht nur meiner ist. Wenn wir alle vom Träumen zum Handeln kommen, kann es wahr werden.

1. Mose 4 „Soll ich meines Bruders Hüter sein?"

Liebe Gemeinde,
warum ist die Welt so wie sie ist? In den Geschichten am Anfang der Bibel wird Grundlegendes erzählt, ohne das alles Folgende bis hin zum Neuen Testament nicht zu verstehen wäre.

Grundlegende Fragen des Menschen, seines Platzes in der Welt, seine Beziehungen zu anderen Menschen und zu Gott werden hier wie eine Art Bühnenbild aufgestellt. Vor dessen Hintergrund entfaltet sich dann das ganze Heilshandeln Gottes.

Da wird nicht im Sinne moderner Zeitungsberichterstattung gefragt, *wie* etwas war, sondern warum es *jetzt* so ist, wie es ist. Da ist ganz am Anfang zuerst die Frage behandelt, warum etwas ist und warum nicht vielmehr einfach das Nichts. Darum gibt es die Schöpfungserzählungen, die Kosmos, Mensch und Tier seinen Platz zuweisen. Nachher die Fragen, warum und was ist der Mensch und warum ist er sterblich – jedes Wort spielt dabei eine wichtige Rolle. So ist z.B. das Wort für Mensch „adam" ganz eng verwandt mit dem Wort „adama", Erde, Erdlinge sind wir.

Von Erde sind wir genommen, zur Erde müssen wir darum zurückkehren. Eine schmerzliche Realität.
Für jedeN von uns. Aber eine schöne Realität ist dem zur Seite gestellt:
In Eva, hebr. „chawa“, klingt „Leben“ an, aber auch „Liebe“.
Beides hängt offenbar sehr eng zusammen, beides bedingt einander... Ein *schöner* Gedanke.
Aber auch die *unangenehmen* Seiten der Welt, nicht nur die der Nomaden von damals, werden gedeutet: Warum sind Geburt und Broterwerb mit so grossen Mühen verbunden? Warum sind sich der Mensch der Wüste und die Schlange feind?
Warum ist die gute Schöpfung des Menschen aus dem Lot geraten? Am Ende der Schöpfungserzählung hiess es doch noch: „und siehe, alles war sehr gut“? Was heisst es für den Menschen grundlegend, was heisst es für das Verhältnis von Mann und Frau, wenn Gott beide „nach seinem Bilde“ schuf?
Wie geriet gerät und diese Ebenbildlichkeit in Gefahr? Letzte Woche haben wir davon gehört: „ihr werdet sein wie Gott“ – dieser grössten aller Versuchungen konnte und kann der Mensch selten widerstehen...
Mit den bekannten Folgen der Menschheitsgeschichte und unser täglichen Erfahrungen, wie die einen über die anderen herrschen, als seien sie Gott.
Darum ist es nur allzu verständlich, dass wir im Unser Vater darum bitten vor dieser Versuchung bewahrt zu werden...
Heute nun kommt wieder so eine grundlegende menschliche Urerfahrung in den Blick: Das Verhältnis von Geschwistern, die Eifersucht und zugleich die zum Teil rätselhafte Unverfügbarkeit Gottes. Auch hier sind die Namen wieder Schlüssel zum Verständnis, das die Gegenwart der Verfasser erklären möchte: Abel = häbäl = Hauch – seine Vergänglichkeit scheint von Anfang an klar zu sein. Kain, kajin, „Lanze“, als Urvater des Stammes der Keniter, die als Nomaden am Rande des Kulturlandes lebten. Der Gegensatz zwischen der sesshaften und nichtsesshaften Kultur scheint hier durch.
Aber das nur am Rande. Auf einer Ebene, die als grundmenschliche Erfahrung auch noch uns heute angeht, geht es um einen Geschwisterkonflikt. Und da der Beginn der Bibel *alle* Menschen als *eine grosse* miteinander verwandte *Familie* sieht, ist dieser Geschwisterkonflikt zugleich ein grundlegender Menschheitskonflikt.
Wir erleben bei Kain und Abel den bei Geschwistern offenen oder versteckten Wettbewerb um die Gunst des Vaters. Völlig unerklärlich, warum die Leistung des

einen mehr wert sein soll als das des anderen. Völlig unerklärlich, warum Geschwister aus dem gleichen Elternhaus völlig unterschiedliche Wege gehen. Unerklärlich, warum sich die einen Kinder mehr angenommen fühlen und andere weniger oder gar nicht. So sehr sie sich auch abstrampeln mögen. Die Frage ist dann die, was man daraus macht. Wir wissen nicht, warum Gott das Opfer Abels ansah und das des Kain nicht. Aber wir wissen, wie Kain damit umging: Er wurde „sehr zornig, und sein Blick senkte sich", heisst es hier. Er kann buchstäblich niemanden mehr in die Augen schauen. Wie schon Adam wird auch Kain von Gott zur Rede gestellt, was da los ist. In dieser Anrede bekommt Kain, bekommt Adam, bekommt der Mensch die Möglichkeit, sich zu verantworten. Adam schiebt im Paradies den „Schwarzen Peter" weiter an Eva, die wiederum an die Schlange. Das ewig gleiche Spiel von Schuldzuweisungen, die die eigene Verantwortung umgehen soll. Das ist auch heute noch so, wenn von Sachzwängen, der allgemeinen Lage oder Befehlsnotstand die Rede ist. „Wenn's wir nicht machen, machen es halt andere" – das zieht sich durch die Menschheitsgeschichte, bis in die Gegenwart. Zurück zu Kain: Auch der Hinweis Gottes, dass es mit dem rechten Handeln keinen Grund gibt, seinen Blick zu verstecken, bringt nichts. Ebenso wenig die Warnung, dass sonst die lauernde Sünde die Oberhand gewinnt.

Das hebräische Wort dafür stammt wohl von einer Art als Person gedachten Dämon, der ausgerechnet auf der Türschwelle, also der Grenze zwischen drinnen und draussen, lauerte. Etwas von dem klingt noch nach, wenn wir an die schützenden Segenssprüche an unseren Häusern und Türen denken, wie sie z.B. am Dreikönigstag mit der Jahreszahl von den Sternsingern angebracht werden.

Die Ermahnung Gottes nützt nichts, auch das eine zutiefst menschliche Erfahrung. Bis heute, wenn wir an all das von Menschen anderen Menschen angetane Leid denken.

„Homo homini lupus" – der Mensch ist des Menschen Wolf, auch das ist bittere Realität, auch wenn wir das Gesetze und Gerichte, vor allem aber durch Mitmenschlichkeit einzudämmen versuchen.

Kain aber erschlägt Abel. Konsequenz der Eifersucht, die sich wie so oft aus unerklärlichen Quellen speist. Und die Dynamik der Sünde, also des Getrenntseins von Gott und dem Nächsten, schraubt sich hier noch weiter empor oder wohl noch besser, hinab: Adam versuchte die Schuld weiterzureichen, Kain nun weist sie frech

von sich: „Bin ich denn der Hüter meines Bruders?". Wörtlich, als Wortwitz: „Soll ich den Hirten hüten?"
Die Folge: Der einstige Ackerbauer Kain wird vom Boden vertrieben, der das Blut seines Bruders aufgenommen hat. Das Blut als Symbol der Lebenskraft, die allein Gott gehört. Weil Er sie gibt und weil sie zu Ihm zurückkehrt. Wörtlich heisst es hier: „Das Blut deines Bruders schreit zu mir vom Ackerboden" – ein tröstlicher Gedanke, dass all das zu unrecht vergossene Blut dieser Welt zu Gott schreit. Und dass Er ihm Gerechtigkeit schaffen wird.
Hier passiert dies durch die Vertreibung des Kain: Er selber hat sich mit seiner Tat von seiner Lebensgrundlage abgeschnitten und muss nun die Konsequenzen tragen. Ist das nicht eine sehr aktuelle Warnung? Je mehr wir uns von unseren natürlichen und geistigen Lebensgrundlagen abschneiden, desto mehr Konsequenzen werden uns erwarten?
Doch dann ist da bei Kain wie auch bei *allen* immer auch das andere: Er muss die Konsequenzen tragen – aber er fällt nicht heraus aus der Zuwendung Gottes.
Hier versinnbildlicht durch das Schutzzeichen, das ihn vor Blutrache schützen soll.
Damit soll der Kreislauf von Gewalt und immer noch mehr Gewalt durchbrochen werden.
Die Gute Nachricht: Die Zuwendung Gottes kann sich Kain nicht verdienen, das zeigt sein gut gemeintes aber nicht angenommenes Opfer.
Sowenig, wie sich der Bruder, die Schwester die Zuwendung des Vaters, der Mutter verdienen kann.
Genauso wenig können wir als Menschen uns die Zuwendung Gottes verdienen.
Sie ist ja immer schon da. Jesus, der das auf einzigartige Weise konsequent gelebt hat, bringt das auf den Punkt. Wir alle kennen das Gleichnis vom verlorenen, besser: wiedergefundenen Sohn.
Auch so eine Brüdergeschichte. Der eine lebt wohlgefällig, ist gut angesehen, gut angesehen wie das Opfer Abels. Der andere schert aus, brennt durch. Und kehrt dann zurück. Statt Vorwürfen erwartet ihn die bedingungslose Liebe des Vaters. Für den anderen unverständlich. Aber Fakt. So ist sie, die Liebe Gottes. Darum nimmt Jesus wohl auch Bezug auf jenes erste Opfer, das Menschen Gott darbringen, jenes von Kain und Abel. Jeder bringt etwas von dem ein, was sein Leben ausmacht. Der eine vom Acker, der andere von der Herde. Das ist gut und recht. Aber worum es

wirklich geht, das haben wir vorhin in den drastischen Worten aus der Bergpredigt gehört:

Du sollst nicht töten – wo Du meinst, Gott etwas Gutes zu tun, aber es steht etwas zwischen dir und deinem Nächsten, dann verstösst du gegen dieses Gebot. Klär zuerst das Verhältnis zu deinem Bruder, zu deiner Schwester, also zu deinem Nächsten.

Sonst ist all dein ganzer Einsatz, Opfer genannt, umsonst. Wie das Opfer von Kain.

Er hätte ja auch eine andere Chance gehabt: Nämlich auf die Frage, ob er seines Bruders Hüter sein soll, mit „Ja" zu antworten. *Wir* haben sie, Gott sei Dank! Nur so kann das Böse eingedämmt werden: Wenn wir unseres Bruders, unserer Schwester, in Nah und Fern HüterIn sind... So wie mit Worten der Dichterin Hilde Domin aus dem Gedicht „Abel steh auf"

Abel steh auf
es muß neu gespielt werden
täglich muß es neu gespielt werden
täglich muß die Antwort noch vor uns sein
die Antwort muß ja sein können
wenn du nicht aufstehst Abel
wie soll die Antwort
diese einzig wichtige Antwort
sich je verändern
wir können alle Kirchen schließen
und alle Gesetzbücher abschaffen
in allen Sprachen der Erde
wenn du nur aufstehst
und es rückgängig machst
die erste falsche Antwort
auf die einzige Frage
auf die es ankommt

steh auf
damit Kain sagt
damit er es sagen kann
Ich bin dein Hüter

Bruder
wie sollte ich nicht dein Hüter sein
Täglich steh auf
damit wir es vor uns haben
dies Ja ich bin hier
ich
dein Bruder.

Ja – ich bin meines Bruders, meiner Schwester Hüter. So wird sich die Liebe Gottes ausbreiten und das Böse in der Welt geringer.

Matthäus 6,13 „...sondern erlöse uns von dem Übel!"
Liebe Gemeinde,
was uns aus Haiti in den letzten Tagen (Januar 2010) für erschreckende Nachrichten erreichen, brauche ich niemanden zu erklären.
Wir fühlen uns vielleicht zurückversetzt in die Tage des Tsunamis von 2004. Wie damals zeigt sich die ganze Welt sofort solidarisch, bei uns in der Schweiz wurden so z.B. inzwischen über 25 Mio Fr. gesammelt, mit Spenden und Kollekten. Das zeigt deutlich: Wir wollen helfen, wollen etwas tun können, der Ohnmacht entgegentreten. Das ohnmächtige Schreien des Hiob erinnert uns an das Schreien der Opfer, an ihr Schreien um Hilfe. Wir können ihnen ihr Leid nicht abnehmen, wir können lindern und helfen, wieder auf die Beine zu kommen. Das, was wir tun können, sollen und müssen wir tun. So haben wir es im Jakobusbrief gehört: schöne Worte sind kein Ausdruck gelebten Glaubens, es braucht vielmehr tätige Hilfe.
Und vielleicht drängt sich uns wieder, wie damals nach dem Tsunami die Frage nach dem Warum? auf: Warum trifft es schon wieder die Ärmsten der Armen?
Weil sie sich keine hochmodernen Frühwarnsysteme leisten konnten? Weil sie sich keine erdbebensicheren Gebäude leisten können?
Die Armut der Ärmsten hat verschiedene Gründe, die unter anderem auch bis zu uns reichen Ländern reichen, das ist sicher allen klar.
Da liesse sich auch sicher etwas dran ändern.
Trotzdem ist da wieder die Frage: Warum? Warum so viel Leid und Elend? Nicht nur grad jetzt auf Haiti, nicht nur bei den Ärmsten der Armen auf der ganzen Welt, sondern überall? Warum ist so viel Leiden in der Welt, soviel Übel, so viel Böses?

Warum Krankheit, warum Tod? Sicher, vieles können wir ganz rational erklären, können unterscheiden zwischen Übeln der Natur, zwischen dem, was Menschen einander antun, wir wissen um Ursachen von Krankheiten, wissen, dass ja nicht alle Menschen einfach ewig leben können.

Und doch wird wohl keine dieser unsrer rationalen Antworten einen Menschen trösten können, der grade einen anderen lieben Menschen verloren hat, sei es hier bei uns oder in der Ferne. Jemand, der Leid erfährt, hilft es wenig, ihm sein Leiden zu erklären. Die Freunde des leidenden Hiob aus der Bibel haben das versucht, aber es nicht vermocht. Wir haben das Schreien Hiobs vorhin gehört. Er braucht etwas anderes, wenn er sich so von Gott verlassen erlebt. Er braucht Hilfe, ganz praktische, und dass jemand mit ihm sein Leid aushält, ihm zur Seite steht.

Und der mit ihm aushält, dass es auf die Frage nach dem letzten Grund des Leidens, nach dem Warum des Übels in der Welt, vor allem des unverschuldeten, keine Antwort gibt.

Diese Frage ist oft die bedrängendste Frage an unseren Glauben. Diese Frage vermag unseren Glauben sogar zu verhindern oder zum Erlöschen bringen.

Darum finden sich im Unservater-Gebet, das uns Jesus überliefert hat, ja auch die Worte: „und führe uns nicht in Versuchung, sondern erlöse uns von dem Bösen" oder „dem Übel", lat. malum, was z.B. im frz. „le mal" nachklingt.

Mit malum ist alles gemeint, was das Leben im weitesten Sinne beeinträchtigt, sei es etwas in der Natur oder das, was Menschen einander antun.

Die Versuchung und das Übel resp. das Böse hängen offenbar eng zusammen. Sie sind im Unservater verbunden durch das kleine Wort „sondern": „...sondern erlöse uns von dem Bösen".

Versuchung ist dabei nicht ein Stück Torte zuviel oder die zarteste Versuchung, seit es Schokolade gibt. All die kleinen und grossen sogenannten „Versuchungen" sind ja nur allzumenschlich und damit verzeihlich. Wobei ja heutzutage offenbar „Versuchung" schon als werbewirksam gehandelt wird.

Die wirkliche und schlimme Versuchung ist, meinen Glauben zu verlieren, weil ich mit zuviel Übel konfrontiert bin.

„Und führe uns nicht in Versuchung, sondern erlöse uns von dem Bösen" verstehe ich darum so: „Lass nicht zu, dass wir den Glauben verlieren, sondern erlöse, befreie uns von all dem Schlimmen in der Welt, das immer wieder unseren Glauben in Frage stellt."

Was mit dem Schlimmen, dem Üblen, dem Bösen in der Welt gemeint sein kann, das unseren Glauben bedrängt, das wissen alle hier oder haben es grade hinter sich oder stecken noch mittendrin... Wir werden nachher in den Abkündigungen wieder davon hören oder haben immer noch Bilder aus Haiti vor Augen.
Ist es dann nicht besonders wichtig, dass wir beten können:
„Lass nicht zu, dass wir den Glauben verlieren, sondern erlöse, befreie uns von all dem Schlimmen in der Welt, das immer wieder unseren Glauben in Frage stellt."
Jesus, der uns diese Worte gegeben hat, wusste warum. Er kannte sie auch, die Worte des Hiob, ja er hat sogar selber so, mit den Worten des 22. Psalms, gebetet: „Mein Gott, mein Gott, warum hast du mich verlassen?"
Wie Jesus, wie Hiob können und sollen wir diese Frage nach dem Warum? stellen, können und sollen sie vor Gott bringen. Wohin denn sonst? Von wem denn sonst könnten wir eine Antwort erhoffen? Grade da, wo wir mit allen menschlichen Erklärungsversuchen an Grenzen stossen oder wo unsere Erklärungsversuche nichts helfen und schon gar nicht trösten können.
Hiob hat auf sein Schreien, sein Fragen nach dem Warum? auch keine Antwort bekommen, von seinen Freunden nicht, von Gott nicht. Aber er hat schliesslich doch Trost und Kraft erfahren: zum einen darin, dass er sich mit seinen Fragen an Gott eben an *Gott* gewendet hat und Ihn so ganz nahe erfahren hat.
Und das hat er zum anderen auch erfahren in seinen Freunden, die sich zu ihm gesetzt haben, die schliesslich alles Erklären aufgegeben haben und einfach bei ihm waren.
Das ist ein Weg, den auch wir gehen können und sollen: den Leidenden zur Seite stehen, mit dem, was ihr Leib an Lebensnotwendigstem braucht, so wie wir es im Jakobusbrief gehört haben. Aber ganz genauso auch mit dem, was die Seele an Lebensnotwendigem braucht: nämlich Nähe und gemeinsames Aushalten des Unerklärlichen, der Warum-Fragen.
Und darüber hinaus auch das gemeinsame Ringen darum, das Übel in der Welt zu verringern, so gut wir es können.
Da gibt es viel zu tun, nicht nur jetzt. Mit dem Beten fängt es an und in Taten wird es sichtbar. Das kann jede und jeder.
Wie wäre denn das, wenn wir in Anlehnung an das Pfadi-Motto „Jeden Tag eine gute Tat" uns jeden Abend fragen: „Was habe ich heute getan, das Übel in der Welt etwas kleiner zu machen?"

Und dann ganz bewusst zu beten: „erlöse uns von dem Bösen“, weil ich ja weiss, dass ich zu allem immer auch die Hilfe Gottes brauche, der mich braucht, um Sein Werk zu tun...

Johannes 5,1-9 „Heil und Heilung“

Liebe Gemeinde,

eine ganz eigene Welt wird uns da vorgestellt. Wie in einer Art Spital leben die Kranken in der Säulenhalle am Teich Betesda, übersetzt „Haus der Barmherzigkeit“. Archäologische Befunde bestätigen die Beschreibung – und lassen vermuten, dass gelegentlich besonderes Thermal-Wasser aus tieferen Schichten aufstieg, das tatsächlich heilende Wirkung hatte.

Seit 38 Jahren wartet nun der Kranke darauf. Sicher ahnt oder weiss er schon längst, dass er es nie schaffen wird, wenigstens einmal im Leben der Erste, der Schnellste zu sein.

Und oft genug hat er erfahren, dass ihm niemand freiwillig den Vortritt lassen wird.

Er lebt in einer kranken Welt, jener Kranke, in einer Welt, wo nur der Erste gewinnt. Und nur der Gewinner wird geheilt.

Man kann es erahnen, was das für ein Geschiebe und Gedrängel gibt, wenn sich das Wasser von Zeit zu Zeit bewegt.

Wie umbarmherzig geht es dann zu im „Haus der Barmherzigkeit“, jeder gegen jeden.

Aber warum sollte es auch in Betesda anders sein als bei uns?

Auch hier am Teich Betesda kann nur geheilt werden, wer am fittesten ist, die härtesten Ellbogen hat oder die besten Beziehungen.

Funktioniert nicht auch so die Welt, die wir kennen?

Von Kindesbeinen an geht es darum, die Ersten zu sein. Der erste in der Schule, die erste im Wettkampf. Der erste in der Quizshow. Überall gewinnen wollen, im Ehestreit, an der Börse. Wettbewerb, Wettkampf überall.

Aber wie gehen wir um mit denen, die auf der Strecke bleiben seit Jahren...?

Aber auch: Wie gehen wir um mit dem langen Warten, den Verzögerungen, dem Scheitern, dem Nicht-Erhört-Werden in unserem eigenen Leben...?

38 Jahre liegt der Kranke da.

Mag sein, dass diese grosse Zahl Zufall ist, oder bewusst an die Wüstenwanderung des Volkes Israel erinnert (5. Mose 2,14).

Auf alle Fälle wird hier nicht nur bei biblisch gebildeten Hörenden die Erwartung auf Veränderung geweckt.
Was wird wohl mit ihm geschehen, der bereits ein Menschenalter lang krank ist? In welcher Verfassung ist er?
Wie viel Hoffnung kann er noch haben?
Heisst es nicht: „die Hoffnung stirbt zuletzt"?
...
Jesus besucht diesen Ort, an dem Hoffnung und Verzweiflung so nahe beieinander sind und spricht den Kranken an: „Willst du gesund werden?"
Was soll das? Ob ihm da der Kranke nicht am liebsten die Krücken um die Ohren gehauen hätte, wenn er es gekonnt hätte? Doch ist es keine rhetorische Frage. Hören wir einmal genauer hin: „Willst du *gesund* werden?" Willst du wirklich weg hier? Wieder nach draussen ins Leben?
Oder hast du dich schon zu sehr eingerichtet hier, in deinem Leid – statt zu leben? Selbst wenn ich physisch gesund bin: gibt es da nicht auch Sachen, die mich zwar quälen und das Leben beschneiden, aber die mir wie zur zweiten Haut geworden sind?
Wie viele Jahre halte ich es aus an einer Arbeitsstelle, die mir nicht entspricht? Wie viele Jahre halte ich es aus in einer Beziehung, aus der das Leben längst gewichen ist? ... ...
Willst du gesund werden? Gleichzeitig gibt diese Frage dem Kranken *Würde*.
Jesus verfügt nicht einfach über ihn, er fragt.
Doch dann kommt dieser Satz, der mir persönlich so unter die Haut geht: „Ich habe keinen Menschen", antwortet der Kranke.
Der Satz des Schweizer Theologen Karl Barth kommt mir da in den Sinn: „Der Mensch ohne den Mitmenschen ist nicht der Mensch, sondern das Gespenst des Menschen."...
„Ich habe keinen Menschen" – mir kommt da auch eine Fernsehsendung von vor kurzem in den Sinn, zur aktuellen Debatte über die sogenannte „Sterbehilfe"...
„Ich habe keinen Menschen" – an jener Sendung hat mich unter anderem besonders erschüttert, dass es auch Fälle gibt, in denen eben solche Sätze direkt oder indirekt zum Auslöser werden für den Schritt aus dem Leben.

Weil vielleicht wirklich niemand mehr da ist, oder, so ein Zitat: „die Angehörigen nicht wollen, dass das mögliche Erbe für die Pflege draufgeht"... Ist das nicht auch wie dieser Satz...? ...

„Kyrie, Herr, ich habe keinen Menschen" – vielleicht sind uns diese Worte des Kranken hier am Teich gar nicht so fremd...

Ich bin allein. Keiner kümmert sich, keiner da – jedenfalls nicht mehr. Das lähmt, nimmt den Mut für den nächsten Schritt. Dabei schwingt hier zu allem noch mit: Andere haben jemanden. Andern geht es besser.

Andere sind mir überlegen, da kann ich eben nicht mithalten.

Also lass mich in Ruhe! Siehst du nicht, dass ich nicht kann?!

Doch Jesus sieht tiefer, er tadelt den Gelähmten nicht für diese Art Resignation, hält ihm die wohl nur allzumenschliche Gewöhnung nach 38 Jahren nicht vor.

Aber er lässt ihn auch nicht darin; er lässt ihn nicht in Ruhe.

Er geht nicht vorbei, sondern nimmt sich Zeit, fragt nach und konfrontiert dabei den Kranken mit allem, was seine Krankheit ausmacht.

Mit Einsamkeit und Resignation, mit Leid und Hoffnungslosigkeit – ohne die oft gut gemeinte Rücksicht, die wir gern nehmen – nicht zuletzt auf uns selbst, weil es ja wirklich nicht leicht ist.

Wie oft trauen wir uns das nicht, schauen weg, schweigen höflich, rühren nicht an dem, was wehtun könnte – und setzen so aber auch nichts in Gang.

...

Jesus lässt ihn hier geheilt aufstehen, ohne ein eigentliches Geschehen, das Veränderung brächte, ohne grosses Tamtam.

Und doch verlangt das eine Menge. Da muss ein Mensch aufstehen, dem, was er gewohnt war, den Rücken kehren.

Sich lösen, loslassen. Losgehen. Wer weiss, wohin! Neuen Inhalt finden.

Jesus gibt ihm den Impuls und lässt ihn dann gehen.

Er durchbricht damit zugleich das Muster jenes Ortes am Teich, das Muster, dass Heilung machbar sei, wenn man sich nur genug anstrengt, fast eine Verhöhnung all derer, die lange Zeit krank sind.

Nein, nicht der Schnellste wird hier geheilt, sondern der, der Jesus begegnet. Was heisst das?

Bemerkenswert ist da schliesslich der Halbsatz, der leicht überlesen wird: „Nimm deine Bahre und geh".

Er nimmt also sinnbildlich seine Geschichte mit sich! Ein Erlebnis wie seines kann man nicht abstreifen wie einen Mantel, eine so lange Zeit des eigenen Lebens nicht vergessen oder ungeschehen machen.
Dennoch wird sichtbar, dass die Begegnung mit Jesus etwas Wesentliches verändert:
der Kranke wird zum Herrn über die Krankheit, trägt die Bahre, statt auf ihr zu liegen; ist nicht mehr gefangen in der Krankheit, sondern frei zu gehen.
So kommen Heil und Heilung hier zusammen…
Doch wir wissen es: solche gelungene Heilung bleibt ein Einzelereignis. Das lässt uns weiterfragen: Warum er? Was zeichnet ihn aus?… Überraschenderweise spielt ja der Glaube in der Geschichte keine Rolle. Jesus fragt nicht danach – und der Mann sagt nichts darüber; er scheint Jesus auch nicht zu kennen, nichts über ihn wissen zu wollen – und ein Dank fehlt ebenfalls. Warum dann gerade er? Und warum die anderen nicht? Was wird hier sichtbar?
Etwas von der Unbegreiflichkeit Gottes, der Unbegreiflichkeit des Lebens mit Gesundheit und Krankheit.
So verstanden müssen wir gerade bei solchen Heilungsgeschichten darauf achten, Krankheit oder Behinderung nicht als einen gottfernen Bereich abzustempeln – und die Betroffenen damit ins Glaubens-Abseits zu stellen.
Aber etwas anderes wird hier eben auch sichtbar: nämlich etwas davon, was geschieht, wenn Jesus sich als Messias zeigt, was das ist, das wir Heil nennen:
Mitten in dem, was wir kennen, geschieht etwas Neues, gelten die Regeln nicht mehr, nach denen wir gewöhnlich leben, hier wird etwas sichtbar von Gottes neuer Welt.
Wollen wir das und was wäre dann anders in unserem Leben…?

Epheser 2,19-21 „Bau-Arbeit“ (zum 1. Mai)

Liebe nachösterliche Gemeinde am Tag der Arbeit,
geht das zusammen, Ostern und Arbeit?
Unsere beiden Lesungen legen uns einen Weg, unter der Überschrift „Bau – Arbeit – lebendige Steine“.
Fangen wir am „Tag der Arbeit“ mit der Arbeit an:
Im 1. Buch der Könige wird sehr ausgiebig und mit viel Liebe zum Detail die Arbeit am Bau des 1. Tempels in Jerusalem unter König Salomo geschildert. Wir haben

gehört, was Gott zu diesem Bau des Tempels meint. Schon dessen Vater David hatte diesen Bau vorgehabt, aber erst der Frieden machte das endlich möglich.
Gott sagt nun Salomo zu, dass Er solange in Israel gegenwärtig sein wird, solange sich das Volk an seine Weisungen hält. Gottes Weisungen, die dem *Leben* dienen sollen. Verlässt sein Volk diese Weisungen, z.B. die 10 Gebote, wird das das Leben beeinträchtigen – und so kam es ja auch: Die Katastrophen der Zerstörung des 1. Tempels wie seines Nachfolgerbaus wurden von den Propheten und später von den ersten Christen als letzte Konsequenz verstanden. Als Folge dessen, dass das Volk Gottes Gebote für nicht mehr so wichtig hielt. Heute finden wir mit der sogenannten „Klagemauer" nur noch die Grundmauern des Tempels...
Der *erste* Gedanke zur Arbeit ist also der: dass Arbeit nur erfolgreich ist, wenn sie auch mit Gott rechnet. Das spiegelt sich z.B. im Psalmwort „Wenn der HERR nicht das Haus baut, so arbeiten umsonst, die daran bauen." (Psalm 127,1) Dies Wort wird auch König Salomo zugeschrieben. Er wusste, worauf er sich einliess und behielt auch die nötige Distanz zu seinem Vorhaben: „Siehe, der Himmel und aller Himmel Himmel können dich nicht fassen - wie sollte es dann dies Haus tun, das ich gebaut habe?" (1. Könige 8,27)
Und trotzdem machte er sich daran, und das hatte auch Auswirkungen auf das Verständnis von Arbeit: Sonst wurde die Arbeit als Strafe für den Verlust des Paradieses verstanden („im Schweisse deines Angesichts sollst du dein Brot essen", 1. Mose 3,19). Hier nun beim Tempelbau ist die Arbeit ein edles Werk zur Ehre Gottes – ein Gedanke, der sich ca. 2500 Jahre später in der Reformation wieder finden lässt und bis heute seine Spuren zeigt. Das ist der *zweite* Gedanke zur Arbeit: Die Reformatoren wie Luther, Zwingli, Calvin verstanden die *Arbeit* als *Gottesdienst*, der viel mehr nützt als aller rein oberflächlicher Kult, weil er auch anderen nützt. Leider gab es da später einige Verengungen, dass man z.B. aus der Menge des erarbeiteten Reichtums schlussfolgern könne, wie sehr jemand von Gott geliebt ist...
Fassen wir zusammen: Arbeit, bei der jeder das tut, was zu tun ist, als Gottesdienst, der allen nützt – das ist die eine Seite.
Die andere ist, dass diese Arbeit für alle, denen sie möglich ist, auch möglich sein sollte, für jeden nach seinen Begabungen. Denken wir daran, wie viele ohne Arbeit sind, wie viele die falsche oder gar schädliche Arbeit ausüben müssen und wie viele Jugendliche eine Lehrstelle suchen, dann müssen wir feststellen, dass das nichts Selbstverständliches ist... Aber sollten wir das darum als Ziel aufgeben, dass

möglichst viele am Arbeitsleben teilnehmen können, auch wenn man über die Wege dorthin streiten kann? Dass möglichst viele am Gottesdienst hier in der Kirche teilnehmen können, wollen wir doch auch... Warum nicht auch am Gottesdienst im Alltag, mit der täglichen Arbeit? Soweit der zweite Gedanke zur Arbeit.

Der dritte schliesslich hat nun mit Ostern zu tun. Damit ist nicht die eher angenehme Mühe des Ostereiersuchens gemeint, sondern etwas anderes: Vom gekreuzigten und auferstandenen Christus wird immer wieder als „Stein“ gesprochen, „den die Bauleute verworfen haben“, der nun aber zum „Eckstein“ oder „Schlussstein“ geworden ist, der alles trägt und hält, ein Zitat aus dem 118. Psalm.

Dieses Gleichnis für Christus weist bis zu uns heute hinüber.

Und dann sind wir alle gemeint, ob berufstätig oder nicht oder nicht mehr oder noch nicht...

Wie das denn? Was meint das Gleichnis vom verworfenen Stein, der zum Schlussstein wurde? Wie erfahrene Bauleute, die wissen, welcher Stein wozu geeignet ist, sind die Schriftgelehrten der Zeit von Jesus. Anhand seiner Worte und Taten hätten sie eigentlich verstehen sollen, dass mit ihm Gott in die Welt kommt und sein unsichtbares Reich der Liebe aufrichtet. Aber sie hielten sich lieber an Buchstaben und ihre damit enggefassten Vorstellungen von Gott. Darum haben sie Jesus abgelehnt. Und den Römern kam es auf einen Hingerichteten mehr oder weniger nicht drauf an... Karfreitag. Doch dann *Ostern*: Christus, der verworfene Baustein für das Gottesreich, für den unsichtbaren Tempel Gottes in der Welt, wird von Gott her der Schlussstein, der alles zusammenhält!

Und plötzlich finden sich die Glaubenden aller Zeiten, bis hin zu uns heute, als lebendige Steine wieder in diesem Bau, als „Hausgenossen Gottes, aufgebaut auf dem Fundament der Apostel und Propheten – der Schlussstein ist Christus Jesus selbst.“ So hören wir es im Brief an die Gemeinde in Ephesus.

Einen Teil der prächtigen Bauten dort, die man ausgegraben und rekonstruiert hat, konnte ich unlängst in Augenschein nehmen.

Der Verfasser des Epheserbriefes hatte sicher diese auch vor Augen, vor allem den grossen und damals weltweit berühmten Tempel der griechischen Göttin Artemis...

Und doch, so klingt es aus diesen Zeilen, ist all diese Pracht *gar nichts* gegen den „heiligen Tempel des Herrn“.

Wie schon die sichtbaren Tempel durch viel Arbeit so prächtig sind, wie sehr muss es dann der unsichtbare Tempel sein, ist der Gedanke dahinter. Denn das

Unsichtbare ist ja immer mehr, grösser als das Sichtbare… „Sichtbar“ auf andere Weise wird dieser unsichtbare Tempel jedoch durch die *lebendigen* Steine, die ihn bilden – und das sind *wir*. Wir können ihn bilden, weil wir durch *Christus* „mit eingebaut“ werden „in die Wohnung Gottes im Geist“. Damit bekommt der Begriff „Arbeit“ noch eine neue Bedeutung: nicht mehr nur Arbeit als Lebensunterhalt, als Sinnstiftung und, in der entsprechenden inneren Haltung dazu, als Gottesdienst. Ein neuer Gedanke taucht dabei auf, wenn vom Bau des unsichtbaren Tempels die Rede ist: Arbeit auch an sich *selbst*. Das heisst der lebendige Baustein zu werden, als der man gedacht ist. Seinen Platz zu finden im grossen Bau, der für einen gedacht ist. Das heisst nicht, dass alle Steine uniform sein müssen, gleichförmig – aber dass ich als Stein, der ich bin, so an mir arbeite, dass ich meinen Platz neben den unzähligen anderen einnehmen kann. Auch wenn nicht alle Steine in diesem unsichtbaren Tempel des Gottesreiches gleich sind, so ist doch an alle das gleiche Mass angelegt. Das entscheidet, ob ich meinen Platz finde und gestalte. Das Mass ist das Gebot der dreifachen Liebe, das schon das Alte Testament wie auch Jesus und das Neue Testament als das *höchste* Gebot bezeichnet: „Du sollst Gott lieben und deinen Nächsten wie dich selbst.“ Lege ich dieses Mass täglich an mein Tun und Reden, indem ich z.B. allabendlich den Tag an diesem Raster entlang Revue passieren lasse, dann bin ich auf gutem Wege. Das ist tägliche Arbeit an sich selbst – nicht nur am Tag der Arbeit… Zur Orientierung und Ermutigung auch bei menschlich-allzumenschlichen Rückschlägen dient mir dabei der Schlussstein, der zugleich der gute Baugrund ist: Einen andern Grund kann niemand legen als den, der gelegt ist, das ist Jesus Christus (1. Korinthers 3,11). Sagen wir Jesus Christus, meinen wir immer zugleich Ostern mit. Mit Ostern im Rücken, dem Neuanfang trotz allem Scheitern, können wir „es wagen, nach Arbeit zu fragen und Steine tragen aus Baugerüst.“ Miteinander. Fröhlich.

Jesaja 66,1.2 + Lukas 9,46-49 „Über den Wolken?“

Liebe Gemeinde,

einige von Ihnen mögen sich sicher noch an den 12. April 1961 erinnern, ein Datum, das sich nun zum 50. Mal jährt.

Was hat dieses Datum allenfalls mit unserem Thema „Über den Wolken?“ zu tun? „Über den Wolken“ – da denken wir doch sicher zuerst einmal an das Lied von Reinhard May: „Über den Wolken, muss die Freiheit wohl grenzenlos sein…“

Nun, das mag sicher auch auf den 12. April 1961 zutreffen: Da flog nämlich der erste Mensch ins Weltall, Juri Gagarin einmal um die Erde. Sicher hat er die grenzenlose Freiheit über den Wolken buchstäblich erfahren können. Aber hier geht es jetzt um etwas anderes. Die sowjetische atheistisch-antireligiöse Propaganda schrieb ihm im Anschluss an seine Erdumrundung die Aussage zu: „Ich habe da oben keinen Gott gesehen."

Das sollte als Beweis dafür dienen, dass es also den Gott im Himmel tatsächlich nicht gibt. Und damit wäre dann also auch bewiesen, dass die Religion überflüssig ist...

Ob Gagarin das wirklich gesagt hat oder nicht ist umstritten, auf alle Fälle zeigt eine solche Aussage, was passieren kann, wenn man die Aussagen der Bibel allzu wörtlich nimmt.

Z.B. unsere Worte aus dem Jesajabuch:

„Der Himmel ist mein Thron, und die Erde der Schemel meiner Füsse." Oder auch die Anrede Gottes als „Unser Vater im Himmel". Weil sich die christliche Kunst nicht an das Gebot „Du sollst dir kein Bildnis machen", das in Judentum und Islam strengstens beachtet wird, gebunden fühlte, gab es immer wieder bildliche Darstellungen von Gott „im Himmel" als alten weisshaarigen Mann. Bilder, die sich uns stark eingeprägt haben. Bilder, die dann aber – zurecht – genauso stark in Frage gestellt werden, sobald wir mit einem modernen wissenschaftlichen Weltbild in Berührung kommen. Das Traurige daran ist, dass mit der Erkenntnis, dass da im Himmel oder im Weltall eben genau *kein* alter Mann mit weissem Bart hockt, oftmals auch der ganze Glauben über Bord geworfen wird. Ganz im Sinne der vorhin genannten atheistischen Propaganda... Im Englischen ist das einfacher, da gibt es zwei Worte für „Himmel": sky und heaven. „Sky" ist der Himmel, wo die Flugzeuge fliegen, wo über den Wolken die Freiheit grenzenlos ist... „Heaven" dagegen, wie es im engl. Unser Vater gebraucht wird, ist demgegenüber kein Ort, von dem man sagen könnte, er ist da oder dort, man müsste nur weit genug z.B. ins All fliegen...

Himmel als „heaven" ist die unsichtbare Welt Gottes. Und die ist überall, Jesus sagt sogar „mitten unter euch" oder „inwendig in euch". Aha – da muss ich also gar nicht so weit draussen im All suchen, sondern vielmehr *in* mir! Dazu gibt es die folgende wunderbare rabbinische Weisheit:

„Wo wohnt Gott?" Mit dieser Frage überraschte ein Rabbi einige gelehrte Männer, die bei ihm zu Gast waren. Sie lachten über ihn: „Wie redet Ihr, Meister! Ist doch die

ganze Welt und alle Himmel seiner Herrlichkeit voll." Er aber beantwortete die eigene Frage: „Gott wohnt da, wo man ihn einlässt"…

Und wo wohnt Gott sonst noch? Was ist nun mit dem Himmel?

Wir haben hier eine schöne Kirche. Eine andere Bezeichnung für Kirche ist „Gotteshaus". Davon gibt es in der weiten Welt unzählige, nicht nur christliche. Orte, die uns staunen lassen, die uns berühren, in uns etwas zum Klingen bringen, das wir sonst in der Hast des Alltags nicht kennen. Mir z.B. geht es so in am besten bildlosen leeren alten romanischen Kirchen…

Aber trotzdem aufgepasst! Wie heisst es doch in unserem Jesajawort: „Was für ein Haus wollt ihr mir bauen und was für eine Stätte, an der ich meine Ruhe finden soll? Hat doch meine Hand dies alles gemacht, und so ist all dies entstanden, sagt Gott."

Gott lässt sich nicht in Gebäude einsperren, auch nicht in die Gebäude unserer Ideen und Vorstellungen.

Gott im Himmel über den Wolken zu suchen oder wie unser Weltraumheld zu vermissen, greift darum viel zu kurz.

Selbst unser Wort „Gott" ist ja nur eine Umschreibung für das grosse und menschlich nicht fassbare Geheimnis. In der hebräischen Bibel, unserem Alten Testament, fragt Mose „Was soll ich meinem Volk sagen, wer mich gesandt hat?". Die Antwort ist eine Form des Wortes für „Sein", frei übersetzt „Ich bin" oder Ich bin, der ich bin." Das muss reichen. Gott „ist" – alles, was wir noch dranhängen mit „Gott ist wie" ist der Versuch, sich diesem Geheimnis zu nähern, warum überhaupt etwas ist und nicht vielmehr nur nichts. Z.B. finden wir in Psalmen und bei den Propheten Sprachbilder für Gott wie Vater, Mutter, Hirte, Sonne und Schild, Fels und Burg, aber auch Liebe unter anderem

Das mag uns einleuchten, dass das nur Umschreibungen sind, damit wir in den Beschränkungen unser Sprache etwas von dem erahnen können, was Gott für *uns* ist. Dass er dabei immer noch mehr ist als unsere Vorstellungen, zeigt die Nagelprobe der Umkehrung: Wir können sagen: „Gott ist wie die lebensspendende Sonne" oder „Gott ist Liebe". Kehren wir diese Aussagen um, wird's schon etwas schwieriger: „Die Sonne ist Gott" oder „Die Liebe ist Gott" – das wären Engführungen, die dem grossen Geheimnis nicht wirklich entsprechen. Das Bilderverbot in den 10 Geboten der hebräischen Bibel schützt uns also davor, Gott auf irgendetwas festzulegen. Es ist und bleibt das Geheimnis des Seins, dem wir uns nur nähern, aber nie ganz erfassen können.

Das sagen selbst die grossen Mystikerinnen und Mystiker, die sich auf ihre ganz besondere Weise Gott genähert haben. Nicht hier, noch nicht – aber dann... Solange können wir nur in Bildern davon sprechen, in aller Vorläufigkeit und Vorsicht. Die ist geboten. Nicht wegen Gott, sondern wegen *uns*! Das Gebot, den Namen Gottes nicht zu missbrauchen, schützt uns, das grosse Geheimnisse für unsere ganz irdischen Zwecke einzuspannen, das tut uns nicht gut genauso wenig wie es dem grossen Geheimnis entspricht. Wie viel Leid ist doch in der Berufung auf Gott in die Welt gekommen: Können wir uns wirklich vorstellen, dass Gott Kreuzzüge, Zwangsbekehrungen, Verfolgungen Andersgläubiger oder Selbstmordattentate braucht, um als Geheimnis der Welt zu wirken??? Das alles hat vielmehr mit menschlichem Grössenwahn zu tun, sehr wenig mit Gott. Da kommen dann die Worte von Jesus zum Tragen, die wir in der 2. Lesung gehört haben: „Wer dieses Kind aufnimmt in meinem Namen, nimmt mich auf: und wer mich aufnimmt, nimmt den auf, der mich gesandt hat. Denn wer der Geringste ist unter euch allen, der ist gross."

Das ist eine Umkehrung unser üblichen Vorstellungen von Macht und Ohnmacht, auch von Gott. Wie oft schon glaubten die Grossen und Mächtigen Gott auf ihrer Seite und nahmen sich damit so manches heraus. Offenbar ist es eben ganz genau anders herum. Dazu noch einmal eine rabbinische Weisheit: Ein Rabbi wurde einmal gefragt, „warum ist, anders als früher, heute so wenig von Gott zu sehen?" Der Rabbi erwiderte: „weil sich heute niemand mehr tief genug bücken mag..."

Also nicht „über den Wolken" müssen wir suchen, sondern im Kleinen, Unscheinbaren, Verborgenen, Schwachen, in all dem, was nichts zählt in dieser Welt der Starken und Besten...

So schliesst sich der Kreis wieder zu der Zeit, in der wir stehen: auf dem Weg zu Karfreitag. Wo Jesus lieber Unrecht erduldete, als anderen welches zuzufügen, wo er den Kreislauf von Macht und Gewalt mit seinem Gang ans Kreuz durchbrochen hat. Und wo doch zuerst die Massstäbe der Welt mit seinem Tod scheinbar gesiegt hatten. Das, was wir tagtäglich am TV sehen. Aber Gott, das Leben wird das letzte Wort haben. Dann ist Ostern.

Lukas 24,13-35 „Auf dem Weg nach Emmaus"

Es gibt wohl niemanden unter uns, der oder die nicht jeden Tag auf irgendeine Weise unterwegs ist.

Um von A nach B zu gelangen, vom Haus zur Arbeit, in die Schule, zum Einkaufen, zu Freunden - das geht nicht, ohne sich auf den Weg zu machen, sei es nun auf Rädern oder zu Fuss.
Doch nicht nur im eigentlichen Sinne ist uns der Weg ein täglich gebrauchtes Wort.
Wir gebrauchen den Weg auch im übertragenen Sinne.
Mir fallen z.B. ein: Irrweg, Heimweg, Umweg, Rückweg, Lebensweg, Kreuzweg.
Auf dem Weg brauchen wir Weggefährten, Wegbereiter, Wegbegleiter und Wegweiser.
Ab und zu gibt es aber auch Wegelagerer, die einem den Weg abschneiden oder einem im Wege stehen können und denen wir lieber aus dem Weg gehen. -
Zwei Jünger Jesu sind also auf dem Weg, von A nach B, von Jerusalem nach Emmaus.
Ein Wegbegleiter stösst zu ihnen, von dem wir dank dem Lukas wissen, dass es der Auferstandene Jesus ist.
Die Jünger wissen es nicht, weil "ihre Augen gehalten sind".
Zu sehr sind sie mit Grübeln und Studieren beschäftigt, mit trauriger, mit finsterer Miene bleiben sie stehen, um dem unbekannten Weggefährten zu erzählen, was sich da in Jerusalem zugetragen hat.
Der wiederum hält ihnen vor, dass sie trägen Herzens seien, nicht mit dem Herzen sehen. Sonst wüssten sie nämlich, was es mit dem Leiden und Sterben Jesu auf sich hat und dass es zu seinem Weg gehört.
Jesus legt den Jüngern einfach die Bibel aus, von Mose bis zu den Propheten. Doch das reicht noch nicht ganz.
Mit der Schriftauslegung allein ist es nicht getan.
Es ist nicht genug, in Predigt und Unterricht von der Bibel nur zu reden, es braucht noch mehr.
Zur Auslegung der Bibel gehört die Gemeinschaft unabdingbar dazu.
Jesus teilt mit seinen Jüngern das Brot, so wie wir es heute noch beim Abendmahl tun.
Da erkennen sie ihn endlich und erinnern sich, wie es ihnen warm wurde ums Herz, als er ihnen die Schrift erklärte.
Daran erkennt man auch uns Christen:
als Weggefährten und -gefährtinnen auf dem Lebens- und Glaubensweg helfen wir uns, gemeinsam die Bibel zu erschliessen.

Auf diesem gemeinsamen Unter-wegs-sein teilen wir miteinander die Wegzehrung. Miteinander und mit dem Fremden, den wir nötigen, bei uns zu bleiben, ihm Gastfreundschaft zu gewähren.
Sehr gut möglich, dass wir den anderen oder die andere plötzlich mit anderen Augen sehen, mit denen des Herzens - und so den Bruder oder die Schwester erkennen.
Daran erkennen andere uns als Kirche, so wie Jesus von seinen Jüngern erkannt worden ist. Beides gehört zusammen, macht uns unverwechselbar.
Immer wieder sind wir eingeladen, diesen Weg vom Nicht-Erkennen zum Erkennen mitzugehen, und andere dazu einzuladen, damit es auch um unsere Herzen wie um die der Jünger warm werden kann.

Matthäus 6,5-15 „Vater und Mutter“

Liebe Geschwister in Jesus Christus,
„Zukunft in Freiheit“ - so oder ähnlich heisst der Slogan einer Partei, der mir immer mal wieder begegnete.
Zukunft und Freiheit sind offenbar Themen, die uns unmittelbar angehen, und die wir nicht nur der Politik überlassen sollten.
Die ganze nächste Woche z.B. werden sich unsere Konfirmanden damit auseinandersetzen, was das für sie bedeutet.
In einer der letzten Abendgottesdienste ging es um das Beten.
Ich möchte heute damit fortfahren, und Sie an einigen Gedanken teilhaben lassen, was das beides miteinander zu tun haben könnte.
Zuerst einmal ist für mich das Beten überhaupt Ausdruck grösster Freiheit als Christ.
Beim Beten kann ich die Sachen, die ich als Mensch auf dem Herzen habe, frei und ungeniert, was auch immer es sei, vor Gott bringen, vielleicht sogar nur in einem kurzen Stossseufzer, ohne viel Worte.
Und wie die Gedanken ist auch das Beten frei, kann nicht in Ketten gelegt werden, wie man Menschen in Ketten legt.
Vielleicht erinnern Sie sich noch an die grossen Umbrüche in Osteuropa vor bald 12 Jahren.
Das Gebet spielte eine grosse Rolle dabei, es sammelte z.B. in Leipzig Montag für Montag Tausende von Menschen, die vor Gott für eine friedliche Änderung der Verhältnisse eintraten.

Trotz aller Schikanen wurden es von Mal zu Mal immer mehr Menschen, die sich dieser Freiheit des Gebetes anvertrauten, die sich nicht verbieten liess.
Zu der Freiheit des Gebets gehörte und gehört dabei auch, für die zu beten, die sich dieser Freiheit entgegenstellten und -stellen.
Und nicht zuletzt die Fürbitte überhaupt für andere ist Ausdruck von Freiheit, weil es nichts, aber auch gar nichts gibt, dass ich nicht vor Gott bringen kann, für mich und für andere.
Beten ist *Freiheit*.
(Und diese Freiheit wollen wir uns jetzt nehmen, indem wir uns einen Augenblick Zeit gönnen zu überlegen, was uns heute oder in letzter Zeit beschäftigt hat und dies in der Stille vor Gott bringen…)
Beten ist zum zweiten aber auch *Zukunft*.
Was heisst den Zukunft? Es tönt so ähnlich wie Ankunft, an-kommen. Zukunft also zu-kommen, da kommt etwas auf mich zu.
In dem Augenblick, wo ich mich im Gebet an Gott wende, erwarte ich von ihm, dass er in das eingreift, was mich gerade im Augenblick betrifft, was auf mich zu-kommt.
Ich hoffe und vertraue darauf, dass er alles, was vom Augenblick meines Gebets als unmittelbare oder fernere Zukunft vor mir liegt, in seine Hände nimmt.
So ist Beten immer zukunftsgerichtet, schaut nach vorn und nicht zurück.
Selbst da, wo es vielleicht Sachen aus meiner Vergangenheit sind, die mich belasten und die das in Zukunft nicht mehr tun sollen.
Beten ermöglicht Zukunft.
(Denken wir einen Moment darüber nach, was wir uns für die Zukunft erhoffen oder wünschen…)
Beides, Freiheit und Zukunft, kommen zum dritten in besonderer Weise im dichtesten aller Gebete um Ausdruck, dass schon Jesus selber gebetet und uns als Gebet geschenkt hat, dem Unser Vater.
Schon die Anrede ist Freiheit.
Oder sollte das keine Freiheit sein: Mit Gott so wie Jesus selber wie mit einem guten Vater reden zu dürfen?
Über Gott kann man mit verschiedensten Religionen und verschiedensten Bildern sprechen, aber *mit* Gott zu sprechen als Vater dünkt mich etwas ganz besonderes, weil es eine sehr grosse Vertrautheit zum Ausdruck bringt.

Das Wort, mit dem Jesus den Vater angeredet hat, heisst „Abba". Das hat nichts mit der schwedischen Musikgruppe zu tun, sondern heisst schlich und einfach Papa.
Zu Gott „Papa" sagen zu können wie ein Kind, das ist Freiheit.
Denn ein Kind überlegt auch nicht erst lange hin und her, ob es mit diesem blauen Fleck oder jener Beule zur Mutter oder zum Vater geht oder nicht.
Sondern es kommt einfach, frei und selbstverständlich und sucht Trost oder Halt.
Und später wird der Vater, werden die Eltern zu ernsthaften Gesprächspartnern, bei denen man Rat suchen und sich auch reiben kann, wenn's sein muss.
Wir bleiben ja immer die Kinder unserer Eltern, egal wie alt wir sind, und da ist auch Streit und Auseinandersetzung möglich, ohne dass wir aus dem Beziehungsgefüge fallen.
Das heisst es, zu Gott als Vater - und warum nicht dabei auch wie zu einer Mutter - zu reden.
Und wenn die Beziehung zu den irdischen Eltern aus welchen Gründen auch immer einmal schwierig werden oder gar scheitern sollte, dann ist es ein Trost, dass es da den himmlischen Vater gibt, der uns nicht aufgibt und so vielleicht auch den Weg zu den eigenen Eltern wieder ermöglicht.
Ich erinnere mich noch gut daran, wie mich als Jugendlicher mit grossen Elternschwierigkeiten mein Pfarrer damals immer wieder losgeschickt hat zu meinen Eltern, die ich am liebsten aufgegeben hätte.
Er tat das mit den Worten: „wenn du glaubst, dass du einen himmlischen Vater hast, dann bitte ihn doch, dass du auch mit deinem irdischen Vater wieder zurecht kommst."
Heute ist mir mein Vater wie ein Freund.
Das Unser Vater steckt aber auch voller Zukunft, so wie das Beten im Allgemeinen.
Denn wenn wir Gott bitten, dass sein Reich der Liebe zu uns kommen und sein Wille wie im Himmel auch auf der Erde geschehen soll; wenn wir bitten, dass er uns das gibt, was wir täglich zum Leben brauchen; wenn wir bitten, dass er uns unsere Schuld vergibt wie wir denen vergeben, die an uns schuldig werden; darum bitten, dass wir Gott nicht untreu sondern vor dem Bösen beschützt werden, vertrauen wir unser ganzes Leben Gott an, mit allem, was auf uns zukommt.
Dahinter steht die Hoffnung, für die Jesus gelebt hat und sogar gestorben ist: dass nicht nur unsere eigene Zukunft, sondern die aller Menschen so aussieht, dass alle das haben, was sie zum Leben brauchen, dass alle sich gegenseitig vergeben

können, dass alle davor bewahrt werden, Gott untreu zu werden und dass alle davor bewahrt werden, Böses zu erleiden oder zu tun.
Das ist eine Zukunft, wie sie Gott für uns will, das ist die Zukunft im Unser Vater, wie sie schon im Alten Testament beim Propheten Jeremia antönt, die wir vorhin gehört haben:
"Ich weiss wohl, was ich für Gedanken über euch habe, spricht Gott, Gedanken des Friedens und nicht des Leides, dass ich euch eine Zukunft schenke, wie ihr sie erhofft. Denn wenn ihr mich von ganzem Herzen suchen werdet, so will ich mich von euch finden lassen."

Wort zum Sonntag: „Pfingsten“

Liebe Leserinnen und Leser,
"Eh, was ist denn da los, die sind ja betrunken!" - "Die haben wohl zuviel Hochgeistiges konsumiert" - "Tja, süsser Wein bekommt nicht allen gleich gut" - So wirkte das Geschehen am hellichten Vormittag auf andere. Da lagen sich plötzlich lallend Leute in den Armen, die sich vorher nicht einmal angeguckt hätten. Leute, die nichts miteinander zu tun hatten, weil sie sich ja gar nicht verstanden. "Die wollen ja gar nicht unsere Sprache reden, obwohl sie könnten", so die einen - "Die sind sowieso schon viel zu dominant, wie sollten wir dann noch ihre Sprache reden", so die anderen. Offenbar schon immer die gleichen die Probleme, ob am Rösti- oder am Jordangraben. Und plötzlich sollten all diese Vorbehalte nicht mehr gelten, findet eine unglaubliche Vergeschwisterung statt. Da ist doch was faul, oder sind vielleicht doch Drogen im Spiel?

Aber wovon hier die Rede ist, ist keine Technoparty in irgendeiner Fabrikhalle, kein Rockfestival am See, kein gewonnener Fussballmatch - sondern: *Pfingsten.* Ein zugegeben seltsames Ereignis, das uns da in der Bibel berichtet wird. Wie schon damals würde es wohl auch heute Reaktionen auslösen, die von belustigt über besorgt bis vielleicht sogar angewidert reichen. "Was soll das bedeuten?" fragen die Augenzeugen. "Was will das werden?", wenn einfach so Grenzen und Meinungen aufgelöst werden, die als unumstösslich galten und hinter denen es sich so schön sicher gelebt hat. Wenn wir ehrlich sind, dann macht es uns wahrscheinlich auch Angst, wenn da so ein Brausen vom Himmel plötzlich alles durcheinander wirft - die Schäden von "Lothar" sind noch längst nicht alle behoben, und jetzt die Gewitter... Nein danke. Und da jubeln die noch! Und tanzen! Entweder sind die verrückt, oder es muss irgendwas Besonderes auf sich haben mit diesen Christusanhängern, später Christen genannt. Nachzulesen in der Apostelgeschichte, Kapitel 2.

Es muss wohl an dem eigenartigen Brausen vom Himmel liegen, vielleicht doch nicht am süssen Wein... Dieses Brausen, dieser Wind macht nichts kaputt - offensichtlich ganz im Gegenteil. Wir nennen dieses Brausen den heiligen Geist. Ein Wind, der nichts kaputt macht, sondern der Menschen zusammenbringt. - Im letzten Konflager fragten die Konfirmanden und Konfirmandinnen, was es wohl mit diesem heiligen Geist auf sich hätte, unter dem sie sich nicht allzuviel vorstellen könnten. Ich antwortete ihnen, dass wir hier zusammensitzen und gemeinsam über Gott und unseren Glauben nachdenken, *eine* Wirkung dieses Geistes sei... Und so schrieben dann auch etliche in ihren Glaubensbekenntnissen: "Ich glaube an den heiligen Geist, der uns in die Gemeinschaft führt ..." - und: "der uns Mut für's Leben gibt, denn jeder braucht jemanden der, der einem Mut gibt", "der jedem die Möglichkeit zu lieben gibt" und "der uns tröstet, wenn wir traurig sind".

Ja! Der Geist, der in die Gemeinschaft führt, unterschiedlichste Menschen zusammenbringt, der Mut zum Leben und Lieben gibt - derselbe Geist tröstet auch! Jesus selbst hat uns ja diesen Geist als den Tröster, den Beistand versprochen, als er sich von seinen Jüngern verabschiedete. Heisst das nicht auch , dass die Gemeinschaft, in die der Geist führt, eine Gemeinschaft von Getrösteten und der Tröstenden ist? - Ich habe den Traum, dass unsere Gemeinden solche Orte der Gemeinschaft und damit des Trostes sind: Ein Gewebe von Beziehungen, das jede und jeden trägt. Und tröstet, wenn es nötig ist. Wo das Wohlergehen des anderen über dem steht, was uns trennt - das ist *Pfingsten...*

Ich erlebe schon jetzt Freude und Ausgelassenheit, ein fröhliches, herzliches Miteinander, gemeinsames Lachen und gemeinsames Traurigsein. Weil wir (zu)einander finden - das ist *Pfingsten*!!!

Wort zum Sonntag: „Am schwersten an des Lebens Länge sind allemal die Übergänge...“

Liebe Leserinnen und Leser,
diese Worte des Dichters Ringelnatz erlebe ich zur Zeit nur allzu dicht am eigenen Leibe: da will am einen Ort auf gute Weise abgeschlossen werden, am anderen will schon alles vorbereitet und organisiert sein. Sei es im Beruf, beim Wohnen, Post,

Telefon etc. pp. Aber in meinem letzten „Wort zum Sonntag“ denke ich dabei auch an all die anderen Übergänge, die wir erleben und als christliche Gemeinde miteinander teilen und feierlich begehen: angefangen bei der Geburt, in der Eltern und Kind in eine neue Form des Zusammenlebens eintreten, der Übergang von Kindheit und Schule hin zu Erwachsenenwelt und Beruf, der vom Alleinsein hin zur Zweisamkeit und evtl. Familie. Später dann der Übergang vom aktiven Berufsleben zum Ruhestand, nachher der allmähliche oder abrupte Abschied von einer unbeschwerten Gesundheit. Manche(r) erlebt im Alter dann den Übergang vom eigenen Heim zu einer Senioren- oder Pflegeeinrichtung. Und schliesslich kommt der Abschied von dieser Welt, vom Glauben her auch ein Übergang, heim zu Gott, dem Ursprung des Lebens.

Übergänge in unserem Leben sind zum grossen Teil mit Freude, aber immer auch mit Sorgen, Ängsten und Unsicherheit verbunden: Was erwartet mich? Wie wird das Neue nach dem Übergang sein?

Ich möchte Sie an einer ermutigenden Geschichte der Bibel (1. Mose 32) teilhaben lassen, die all das aufnimmt und uns einen Weg in den kleinen und grossen Übergängen des Lebens zeigt: Jakob kommt an den Fluss Jabbok, vor ihm liegt die Begegnung mit seinem Bruder Esau. Jakob fürchtet sich sehr davor, denn er hat seinen Bruder betrogen, hat ihm das Erstgeburtsrecht und den Segen des greisen Vaters abgeluchst. Nun steht er allein im Dunkeln am Übergang und weiss nicht, was ihn auf der anderen Seite erwartet. In dieser Situation passiert etwas Unerwartetes: Jakob kämpft hier in der dunklen Ungewissheit des Übergangs um den Segen.

Segen, das bedeutet ja nicht nur, dass man Glück hat im Leben. Sondern Segen bedeutet, dass man einen inneren Frieden hat, sich getragen weiss. Gerade auch in den ungewissen Situationen im Leben oder wo das Leben in irgendeiner Form beeinträchtigt ist, wo wir wie Jakob an unsere Grenzen stossen. Segen ist eine Gabe Gottes, nichts Selbstverständliches. Wenn wir jemanden Segen wünschen, wünschen wir ihm oder ihr Gottes Nähe. Um diesen Segen ringt Jakob, um Gottes Nähe in dieser Unsicherheit des Übergangs.

Und das ist die Überraschung: dass dieser starke Gott, dieses unfassbare Gegenüber, sich von Jakob überwinden lässt. Nicht etwa, weil er körperlich stärker ist, sondern durch seine Worte: *"Ich lasse dich nicht, du segnest mich denn."*

Jakob beruft sich auf die Verheissung von Gottes Segen, an der er immer schon festgehalten hat. *"Ich lasse dich nicht, du segnest mich denn"* - und Jakob wird gesegnet. Er erinnert Gott an seine Versprechen, will auch jetzt gesegnet sein für das Neue, Ungewisse, das auf ihn zukommt. Dieses Ringen bleibt nicht ohne Spuren: Jakob bekommt einen neuen Namen – Israel, „der mit Gott kämpft". Auch wir gehen als Andere aus unseren Übergängen hervor, erleben dabei so wie Jakob oft beides: blaue Flecken (Jakob hinkt nach dieser Begegnung) und das dennoch Gesegnet Sein. Ich wünsche uns allen für unsere Wege die Hartnäckigkeit Jakobs, Gott um seinen Segen zu bitten, im Wissen darum, wie sehr wir ihn brauchen: „An Gottes Segen ist alles gelegen".

Gott,
komm in unsere Übergänge
in unsres ganzes Lebens Länge.
Sei du mit deinem Segen
auf allen unsren Wegen. -
„Ich lasse dich nicht, du segnest mich denn."
Amen

Wort zum Sonntag: „In guter Verfassung"

Liebe Leserinnen und Leser,
sind Sie in guter Verfassung? - Ich hoffe sehr, bei den Temperaturen der letzten Tage (für die wir sonst weit weg in die Ferien reisen und die uns nun hier eingeholt haben...)
Ist unser Kanton Freiburg in guter Verfassung? - Ich hoffe bald, die neue Verfassung wird gerade diskutiert, auch dabei geht es mitunter recht erhitzt zu.

Ist Europa in guter Verfassung? - Ich hoffe es ebenfalls, aber bin nicht so sicher: Gerade ist die europäische Verfassung verabschiedet worden, in dessen Präambel, der Einleitung sozusagen, jeglicher Bezug zu Gott vermieden worden ist, entgegen dem Engagement unter anderem der Kirchen für den Einbezug einer Anrufung oder zumindest Erwähnung Gottes. Bald 2000 Jahre europäischer Geschichte, die von jüdischer, christlicher und muslimischer Tradition mit all ihren Höhen und Tiefen geprägt sind, kommen nicht vor.

Nun, man kann sicher geteilter Meinung sein, ob Gott in eine Verfassung gehört oder nicht - auch bei unser neuen Kantonsverfassung steht das zur Debatte - und ob Er das überhaupt nötig hat. Gott wahrscheinlich nicht, sein Herr Sein wird davon nicht berührt. Aber ich bin überzeugt, dass *wir* es nötig haben: ohne Ausrichtung auf eine letzte Verantwortung, die nicht bei uns selber liegt und ohne das Erinnern der eigenen Herkunft und Traditionen sind Tür und Tor offen für Beliebigkeit einerseits und fundamentalistische Strömungen andererseits. Denn das „Loch", das die Nichterwähnung Gottes hinterlässt, will ja mit irgendwas gefüllt werden. Wer sich aufmerksam umschaut, bemerkt nämlich, wie immer mehr Konflikte weltweit religiös motiviert sind, wobei jede Partei Gott für sich reklamiert - und das in einer Zeit, wo von vielen Religion und Glaube als Überbleibsel längst vergangener Tage angesehen bzw. als reine Privatsache abgetan werden. Aber was wir weit von uns wegschieben, kommt meistens durch die Hintertür wieder herein, und dann ganz anders, als wir wollen. Wäre es da nicht besser, auch in den Verfassungen unserer Gemeinwesen, die ja für alle gleich gelten, Gott „drin" zu haben, auf den sich Juden, Christen, Muslime und andere gläubige Menschen ausrichten? So stehen auch unsere Demokratien in Beziehung zu Gott, und auch die Menschen, die in ihnen leben. Die Berufung auf Gott wird dann nicht den „Rändern" überlassen, wo sich die Extreme finden.

Doch kommen wir zu unser *eigenen* Verfassung zurück, nach der ich mich eingangs erkundigt habe: denn die Fragen der „grossen" Politik sind das eine, noch wichtiger ist meine persönliche Haltung, denn alles beginnt im Kleinen, bei mir. In *meiner* persönlichen Verfassung, hat da Gott Platz? Habe ich über *meiner* Verfassung, meinem Lebensentwurf eine „Invocatio Dei", eine Hinein-Rufung Gottes, eine Einladung an Gott, wie der Fachbegriff heisst? Stelle ich alles, was ich im Leben erfahre, Liebes und Leides, in Zusammenhang mit Gott, in Lob und Klage? - Von Gottes Seite her ist immer Platz für eine „Invocatio", eine Einladung an ihn: „Wenn ihr mich von ganzem Herzen sucht, will ich mich von euch finden lassen." (Jeremia 29,13) - In diesem Sinne wünsche ich Ihnen eine allseits gute Verfassung.

Wort zum Sonntag: „Der Herr der Geschichte(n)"

Liebe Leserinnen und Leser,

ich weiss nicht, wie es Ihnen geht - ich spüre eine grosse Unsicherheit bei all dem, was uns umgibt: überall die Frage nach Krieg oder Frieden, ob Ja oder Nein und was wohl das kleinere Übel von beidem ist bei der Lage der Dinge, die wir schliesslich auch nur jeweils „vorgekaut" bekommen von den Medien - mal so, mal so. Befasst man sich genauer damit, jenseits von der „Achse des Bösen"-Polemik oder den Anti-Bush-Transparenten, wird klar, dass da vieles viel komplizierter und verworrener ist, als man es uns so oder so weismachen will. Das Ganze macht mich eher ratlos - aber nicht hoffnungslos.

Ich muss ein wenig ausholen bei meinen ganz persönlichen Gedanken:

Als Geschichtsinteressierter habe ich mir kürzlich die TV-Serien mit Zeitzeugen zur Schlacht bei Stalingrad (die vor 60 Jahren ein Ende fand) angeschaut. Was dort an Grausamkeiten und Elend zu sehen und zu hören war, hat mich als frischgebackenen Vater eines Sohnes mit grosser Wut und Hilflosigkeit erfüllt: der Gedanke, dass all diese um's Leben Gekommenen ja auch alle Söhne von Müttern und Vätern waren und dort sinnlos für die Wahnvorstellungen zweier Diktatoren regelrecht „verheizt" wurden. Was haben wohl die hinterbliebenen Eltern und Familien gefühlt? Von daher für mich ganz klar: Bitte nie wieder Krieg! -

Was aber, wenn man jemanden, der mit dem Feuer von chemischen oder gar nuklearen Waffen spielt, einfach gewähren lässt? Wie wäre es wohl ausgegangen, wenn damals die Amerikaner nicht in Europa gelandet wären, sondern sich „rausgehalten" hätten? Wo wären wir heute? Und ich bin froh, dass z.B. das sogenannte. „1000jährige deutsche Reich" nur gerade mal auf 12 - wenn auch schreckliche - Jahre kam. -

Wiederum auf der anderen Seite ist ja dann später das kommunistische System nicht durch Waffengewalt, sondern durch den sanften „Wandel durch Annäherung" zerfallen, ohne dass auch nur ein Schuss fiel...

Bei all diesen Gedanken, Fragen und Unsicherheiten zum Zeitgeschehen ist mir darum beim Beten für den Frieden die Bitte des Unser-Vaters wieder ganz neu wichtig geworden: *„Dein Wille geschehe"*.

Ich möchte das alles in Gottes Hände legen, weil ich ihn glaube und anrufe als *Herrn der Geschichte*, der „die Mächtigen vom Thron stürzt", wie es so mancherorten in der Bibel heisst, als *Herrn der Geschichte*, der unsere Zeit in den Händen hält und die Reiche des Unrechts und der menschlichen Selbstvergötterung verschwinden lässt - wie ich es selber vor bald 14 Jahren in der DDR erlebt habe.

Ich vertraue darauf, halte mich daran fest, *glaube* also, dass es Gott letztendlich gut meint mit dieser Welt, für die er uns die Verantwortung übertragen und in die er sich selber aus lauter Liebe hineingegeben hat, und sie nicht sich selbst und den vielen kleinen „Herrchen" überlässt. An dem will ich festhalten, auch oder vielleicht gerade, wenn alles ringsherum so verworren ist, und mir zeigen lassen, wo Gott mit *mir* dafür anfangen will.

Und zugleich, merke ich, spitzt sich diese Hoffnung noch zu: wenn sich mir auch in der eigenen Familie, im Freundeskreis und im Beruf aufgrund von selber Erlebtem oder mit anderen Geteiltem grosse Fragezeichen und Gefühle der Ohnmacht aufdrängen, Wut auch und Zweifel angesichts von Krankheiten vor allem oder anderer persönlicher Not.

Ich möchte demgegenüber Gott hoffen und glauben auch als den Herrn der *Geschichten* - jeder einzelnen Lebensgeschichte also, auch und gerade wenn sie mich vielleicht so sehr erschüttert und alles in Frage stellt; und dass jede Lebensgeschichte ihren Anfang und ihr Ziel bei Gott hat und von daher unendlich wertvoll ist.

Lassen Sie mich schliessen mit Zeilen vom Berner Dichterpfarrer Kurt Marti, die mir geholfen haben, all dem Fragen, Glauben und Hoffen Worte zu geben

Manchmal kennen wir Gottes Willen, / manchmal kennen wir nichts. / Erleuchte uns, Herr, wenn die Fragen kommen.

Manchmal sehen wir Gottes Zukunft, / manchmal sehen wir nichts. / Bewahre uns, Herr, wenn die Zweifel kommen.

Manchmal spüren wir Gottes Liebe, / manchmal spüren wir nichts. / Begleite uns, Herr, wenn die Ängste kommen.

(Reformiertes Gesangbuch der Schweiz, Nr. 832)

Wort zum Sonntag: „Muttertag“

Liebe Leserinnen und Leser,

wie geht Ihnen das so mit dem Muttertag? Ist es bei Ihnen auch üblich, das man sich z.B. Blumen schenkt, um sich bei den Müttern zu bedanken? Oder gibt es ein gemeinsames Frühstück, von den Kindern vorbereitet? - Liebevolle Kleinigkeiten als Ausdruck des Dankes und der Freude.

Eine gute Idee, den Müttern und Frauen einmal zu danken für das, was sie tagein tagaus an unsichtbarer (und damit meist unbezahlter) Arbeit leisten.

Ich kann mir aber auch gut vorstellen, dass für etliche dieser Tag nicht nur ein Freudentag ist. Wenn man sich z.B. auch an Unschönes erinnert, das zwischen Eltern und Kindern, Grosseltern und Grosskindern, Schwiegereltern und

Schwiegersöhnen und -töchtern steht. Denn was wird da mitunter einander nicht alles versprochen, was dann doch nicht zu halten ist... Und Versprechen, die sich nicht halten lassen, von denen bleibt meist nur ein schaler Nachgeschmack. Da hätte man wohl lieber den Mund nicht so voll genommen...

Doch das kennen wir nicht nur vom Muttertag. Jeden Tag werden von uns oder von anderen Dinge versprochen, die wir nicht halten können.

Da sind vielleicht die kleinen Versprechen des Alltags oder so grosse wie Treueversprechen, bis hin zum Eheversprechen.

So ist die Kehrseite all unser Versprechen der Verrat: an anderen und damit doch auch an uns selbst, an unseren Ideen und Vorstellungen, unseren Wünschen und Hoffnungen -.

Zum Glück bin ich vor nicht allzu langer Zeit beim Studieren für eine Predigt auf diesen Satz gestossen: *„Liebe lebt nicht vom Versprechen, sondern vom Verzeihen."*

Es ging dabei auch um eine Beziehungsgeschichte, um Freundschaft und - Verrat: Petrus, der sich immer unter den Freunden Jesu hervortun wollte, hatte Jesus ewige Freundschaft versprochen, und dass er immer zu ihm halten wolle, egal was passiert. - Kommt Ihnen das bekannt vor?

Dieses Versprechen endete mit dreimaligen Verrat, noch ehe der Hahn dreimal krähte. Und mit Tränen. Tränen der Wut und Verzweiflung, über sich selbst und das gebrochene Versprechen.

Nach Ostern dann die Begegnung mit dem Verratenen am See Tiberias. Eine sehr unangenehme Situation, gelinde gesagt. Jetzt bekommt dieser Petrus, der immer den Mund so voll genommen hat, sicher endlich die verdiente Schelte. Dreimal fragt der Auferstandene den Petrus, ob er ihn lieb hat. Dreimal fragt er, bis Petrus traurig wird, weil ihm jetzt klar wird, dass das genauso viel ist wie der dreimalige Verrat. Na also! Recht so! Verdient hat er's ja, der Verräter! Das wäre mehr als gerecht, oder? „Wie du mir, so ich dir."

Doch wer schon mal etwas von Jesus gehört hat, weiss, dass er für anderes lebte, starb und von Gott zu neuem Leben erweckt wurde: Er behaftet Petrus nicht bei seinem gebrochenen Versprechen, sondern hilft ihm mit seinem dreimaligen Fragen, seine Schuld aufzudecken, Schicht für Schicht, sorgfältig und liebevoll. Am Ende bekommt Petrus sogar eine neue Aufgabe, wird zum Hirten eingesetzt, darf neu anfangen. Denn: *„Liebe lebt nicht vom Versprechen, sondern vom Verzeihen."*

Wie wäre es denn, das gerade am Muttertag mal auszuprobieren?

Wie wäre das, da einen neuen Anfang zu wagen? In Beziehungen, die unauflöslich festgefahren scheinen, wo jeder zu wissen meint, wo gut und böse hocken? - Zu verzeihen gäbe es sicher genug, zwischen Müttern und Vätern, Eltern und Kindern, Schwiegereltern und Schwiegerkindern, zwischen Geschwistern, die sich vielleicht einmal im Jahr treffen, eben am Muttertag, weil es so Brauch ist. Unsere Begebenheit am See von Tiberias könnte da zu einer am See von Murten werden, wo eines dem andern nicht aufrechnet, wie oft es enttäuscht wurde, dem andern nicht „ich hab's ja schon immer gewusst" unter die Nase reibt. Im Wissen darum, dass auch das eigene Versagen immer wieder das Verzeihen der anderen braucht.

„Liebe lebt nicht vom Versprechen, sondern vom Verzeihen."

P.S.: Sie finden die Geschichte zum Nachlesen in der Bibel, Johannesevangelium Kap. 21, Verse 15-17

Ein täglich Wort: Römer 14,1-23 „Alles oder Nichts"

„Keiner von uns lebt für sich selbst, und keiner stirbt für sich selbst. ... Ob wir nun leben oder sterben, wir gehören dem Herrn." (V. 7+8)

Es geht hier ums Ganze. Um Leben UND Sterben. Dass ich überhaupt lebe, habe ich nicht mir selbst zu verdanken. Darum lebe ich nicht für mich selbst. Ich kann sagen: „Lobe den Herrn meine Seele und vergiss nicht, was Er dir Gutes getan hat!" Ich sterbe aber auch nicht für mich selbst. Wäre ich mir selber das Ziel des Lebens, und sterbe, dann wäre alles aus. Dann bliebe nur noch das Nichts. Doch „Dem Herrn gehören" heisst etwas andres: Es gibt keinen Grund, dass die Liebe, aus der Er alles - auch mich - ins Leben gerufen hat, die Liebe, die mich bis hierher durchs Leben begleitet hat, einmal zu Ende ist. Die Frage „Alles oder Nichts?" ist schon entschieden: Gott nimmt Alles in seine barmherzigen Hände. Gott sei Dank!

Längst eh ein Herz Dich glauben,
eh ein Mund Dich nennen kann,
eh unserm Sinn, dem tauben,
ein Dämmern nur begann,
hast Du uns schon umfangen,
war Deine Hand uns nah,
und Du bist mitgegangen,
warst da, warst für uns da.

...

Du hast für uns entschieden,
als Dich noch keiner rief,
Du wahrtest Deinen Frieden
noch dem, der Dir entlief;
Du hüllst uns ungemessen
in Deine Liebe ein
und lässt uns unvergessen
in Dir geborgen sein.

Du bist, der nichts als lieben,
ohn' Wandel lieben kann;
hat nichts Dich sonst getrieben
vom Schöpfungsanfang an.
Du schufst aus Liebe Leben,
wirkst liebend noch im Tod,
und immer sind und weben
wir in der Liebe, Gott.

Alles ist Gnade, (aus: Arno Pötzsch, Sein Wort geht durch die Zeiten)

Ein täglich Wort: 1. Mose 12,1-21 „Gott schreibt auch auf krummen Linien gerade."

„Doch auch den Sohn der Magd will ich zu einem grossen Volk machen, weil er dein Nachkomme ist." (V.13)

„Gott schreibt auch auf krummen Linien gerade."

Ein Satz, der hier passt. Der aufatmen lässt. Das tut gut. Denn „krumme Linien" gibt es genug in unserem Leben. Eine dieser „krummen Linien", die sich durchs Leben ziehen, ist die Eifersucht. Dabei hält doch Gott genug Gutes für ALLE bereit. Nur ist das nicht immer grad sichtbar, und dann wird es sehr menschlich. Geduld und Glaube sind Geschwister – aber ich lasse sie nicht immer so zusammen sein, wie sie es sein sollten. Das zieht sich auch durch das ganze Verhältnis von Sara und Hagar und ihren Söhnen. Abraham, der „Vater des Glaubens" immer mitten drin. Aber ÜBER allem Gott, der auch auf „krummen Linien gerade schreibt". Sein Versprechen ist grösser als das, was gerade vor Augen ist. Es gilt auch denen, denen ich es ich nicht gönnen mag.

Kinder lieben (Bibel-)geschichten, die gut ausgehen. Manchmal fragen sie während des Lesens: „Nicht wahr, am Ende wird alles gut?" Haben wir das nicht auch gern? Denn da treffen sich die Geschichte(n) des Glaubens mit meiner eigenen. Mit der Zusage Gottes: „Fürchte dich nicht – alles wird gut!" Gut zu wissen, dass Gottes Heilsplan mit den Menschen, so auch mit mir, zu seinem Ziel kommt. Wenn es sein muss, auch über Umwege. Selbst fragwürdiges Handeln wie in diesen Geschichten rund um Sara, Hagar, Abraham und ihren Söhnen, selbst menschlich-allzumenschliches Handeln wie auch meine alltäglichen „Querschläger" können den Heilsplan Gottes mit uns nicht aufhalten. Auch das, was mir „vom Leben" oder von anderen an Üblem widerfährt, kann Gott zu Gutem verwandeln.
„Ich glaube, dass Gott aus allem, auch aus dem Bösesten, Gutes entstehen lassen kann und will. ... Ich glaube, dass auch unsere Fehler und Irrtümer nicht vergeblich sind, und dass es Gott nicht schwerer ist, mit ihnen fertig zu werden, als mit unseren vermeintlichen Guttaten." (D. Bonhoeffer, Widerstand und Ergebung)

Ein täglich Wort: Lukas 6,27-42 „...denn er ist gütig gegen die Undankbaren und Bösen."

Ist denn das gerecht? Da zählt hier Jesus ausführlich auf, woran man erkennen kann, dass wir ihm nachfolgen. Und was darum an unserem Verhalten im Alltag anders sein könnte als bei anderen. Schwer genug, das alles einzuhalten: Die andere Wange hinzuhalten, die Feinde zu lieben, den Bruder nicht zu richten. Wir geben uns Mühe. Aber eine besondere „Belohnung" für unsere Mühe bleibt aus. Gott ist gütig gegen alle, er lässt seine „Sonne scheinen über Gerechte und Ungerechte" (Matthäus 5,45). Eine grosse Herausforderung für uns. Wir finden es vielleicht nicht fair. Aber: „Machst du ein böses Gesicht, weil ich gütig bin?" fragt der gütige Weinbergbesitzer (Matthäus 20,15). Der Vers von Gottes Güte steht genau in der Mitte unseres Abschnitts. Die Güte Gottes will die Mitte sein von allem Handeln, mit dem wir das Böse mit Gutem überwinden können.

Manchmal fragen wir uns vielleicht: Lohnt es sich überhaupt, Christ zu sein? Lohnt es sich, jeden Tag zu versuchen, so zu leben, wie es uns Jesus ans Herz gelegt hat?

Wozu das alles, wenn wir doch gegenüber denen, die nicht so leben, keinen Vorteil haben? „Gott ist gütig gegen die Undankbaren und Bösen." Und was ist mit den Dankbaren und Guten? Zumindest einen „Vorsprung" gibt es: Wir wissen es bereits und haben es erfahren, dass Gott gütig ist: Wir können erfahren, dass uns Gott immer wieder vergibt und neu anfangen lässt. Wie wäre das, wenn Gott nicht gütig wäre? Dann hätten wir keinen Glauben. „Wir sind alle allzumal Sünder", hat Martin Luther uns ins Stammbuch geschrieben. Der Unterschied ist „nur" der zwischen gerechtfertigten, wieder zurecht gebrachten Sündern und solchen, die das noch nicht erkannt haben. Das schöne Gleichnis vom „verlorenen" oder besser „wiedergefundenen" Sohn weist uns den Weg, welche Stelle wir als Glaubende unter der Güte Gottes einnehmen: Zum immer treuen Sohn sagt der gütige Vater „Kind, du bist immer bei mir, und alles, was mein ist dein." (Lukas 15,31)

Ein täglich Wort: Lukas 3,1-20 „Gott kann dem Abraham aus diesen Steinen Kinder erwecken."

Gott baut sein Reich. So oder so. Mit markigen Worten verkündet der Täufer dieses Evangelium. Er fordert auf, das Selbstverständliche zu tun: Mit denen in Not zu teilen und niemandem willentlich zu schaden. Oft leichter gesagt als getan. Manchmal hindern uns falsche Sicherheiten daran: Wenn es uns in unserem Wohlstand zu gut geht und das so bleiben soll. Koste es, was es wolle. Oder wenn wir es uns in unserem Glauben gemütlich sicher eingerichtet haben. Und dabei manchmal vergessen, dass es Gabe und Aufgabe ist, ein Kind Gottes zu sein. Gabe: Ein durch nichts zu verdienendes Geschenk nach Gottes Willen. Denn wenn Gott will, kann er sogar Steine zu Abrahams Kindern machen. Aufgabe: Ich bin Gott sei Dank mehr: Ein lebendiger Baustein in seinem Reich. Drum darf und kann ich helfen, seine Liebe auszubreiten. Auch dieses Jahr, das nun beginnt.

Zeit, Gott für uns und dieses neue Jahr zu bitten: Dass er uns helfen möge, sein Werk zu tun. Dass seine Sonne der Gerechtigkeit (Maleachi 3,20) durch den Nebel unserer Zeit dringe. Wir rufen darum zu ihm als seine Kinder:

Sonne der Gerechtigkeit,
gehe auf zu unsrer Zeit;
brich in deiner Kirche an,
dass die Welt es sehen kann.

Weck die tote Christenheit
aus dem Schlaf der Sicherheit,
dass sie deine Stimme hört,
sich zu deinem Worte kehrt.

Schaue die Zertrennung an,
der sonst niemand wehren kann;
sammle, grosser Menschenhirt,
alles was sich hat verirrt.

Tu der Völker Türen auf;
deines Himmelreiches Lauf
hemme keine List noch Macht.
Schaffe Licht in dunkler Nacht!

Gib den Boten Kraft und Mut,
Glauben, Hoffnung, Liebesglut,
und lass reiche Frucht aufgehn,
wo sie unter Tränen säen.

Lass uns deine Herrlichkeit
sehen auch in dieser Zeit
und mit unsrer kleinen Kraft
suchen, was den Frieden schafft.

(Reformiertes Gesangbuch der Schweiz, Nr. 795)

Printed by Books on Demand GmbH, Norderstedt / Germany